O budista
e o cristão:
*um diálogo
pertinente*

HERÓDOTO BARBEIRO
e FREI BETTO

O budista
e o cristão:
*um diálogo
pertinente*

FONTANAR

Copyright © 2017 by Frei Betto e Heródoto Barbeiro

O selo Fontanar foi licenciado pela Editora Schwarcz S.A.

Grafia atualizada segundo o Acordo Ortográfico
da Língua Portuguesa de 1990, que entrou em vigor
no Brasil em 2009.

CAPA Claudia Espínola de Carvalho

IMAGENS DA CAPA À esquerda: © Charles Knox/ Shutterstock
À direita: © Kajano/ Shutterstock

PREPARAÇÃO Livia Deorsola

REVISÃO Renato Potenza Rodrigues e Giovanna Serra

Dados Internacionais de Catalogação na Publicação (CIP)
(Câmara Brasileira do Livro, SP, Brasil)

Betto, Frei
   O budista e o cristão : um diálogo pertinente / Frei
Betto e Heródoto Barbeiro. — 1ª ed. — São Paulo :
Fontanar, 2017.

   ISBN 978-85-8439-061-8

   1. Espiritualidade 2. Meditação 3. Vida espiritual —
Budismo 4. Vida espiritual — Cristianismo I. Barbeiro,
Heródoto. II. Título.

	CDD-294.3444
17-01604	-248.4

Índices para catálogo sistemático:
1. Vida espiritual : Budismo 294.3444
2. Vida espiritual : Cristianismo 248.4

[2017]
Todos os direitos desta edição reservados à
EDITORA SCHWARCZ S.A.
Rua Bandeira Paulista, 702, cj. 32
04532-002 — São Paulo — SP
Telefone: (11) 3707-3500
www.facebook.com/Fontanar.br

*Digo-lhes essas coisas para que a minha alegria
esteja em vocês e a alegria de vocês seja completa.*

Jesus segundo o Evangelho de João, 15:11

Não acredite em nada que digo, experimente.

Sidarta Gautama, o Buda

Apresentação

O budismo surgiu na Índia, por iniciativa de Sidarta Gautama, o Buda, cinco séculos antes de Cristo. É uma filosofia de vida que, dependendo do modo como foi aculturada nesta ou naquela região, pode ter também caráter religioso. Conta com cerca de 500 milhões de adeptos em todo o mundo, a maioria no continente asiático.

O cristianismo é a religião dos que acreditam na natureza divina do homem Jesus, que viveu há pouco mais de 2 mil anos na Palestina. Conta também com 2 bilhões de seguidores, divididos em três principais tendências confessionais: católicos, ortodoxos e protestantes.

Embora budismo e cristianismo guardem entre si notórias diferenças, tributárias de suas raízes culturais e históricas em tempos e lugares diferentes, ambos têm propostas à felicidade humana e à paz universal. As duas tradições espirituais oferecem à humanidade sábios ensinamentos para se lidar com a dor e praticar o amor.

Hoje, no Brasil, há cristãos que adotam práticas budistas, e budistas que acolhem com veneração preceitos cristãos. Essa convergência levou os autores deste livro — um budista (Heródoto Barbeiro) e um cristão (Frei Betto) —, ambos jornalistas, a se trancarem durante três dias no convento dos frades dominicanos, em São Paulo, para intercambiar suas experiências e convicções.

O resultado é este denso diálogo que mapeia nossas diferenças e consonâncias, convencidos de que o diálogo inter-religioso favorece o caminho para a paz mundial e enriquece todo ser humano que abraça a virtude da tolerância e, no caso dos crentes, acredita que Deus não tem religião.

Boa leitura, bom proveito!

Frei Betto
Heródoto Barbeiro

HERÓDOTO BARBEIRO: Antes de tudo, quero dizer que é uma honra para mim participar deste diálogo com Frei Betto. Sou seu admirador e leitor de seus livros e artigos.

Os conceitos por mim emitidos aqui fazem parte de minha prática diária do budismo, haja vista que não pertenço a nenhuma ordem religiosa ou templo. Agradeço, antecipadamente, as críticas.

O budismo é um sistema de pensamento, uma religião, uma forma de ciência mental e um modo de vida. Envolve ciência, pensamento religioso, filosofia, psicologia, ética e arte. Assegura que o homem é o arquiteto da própria vida, presente e futura. A autorreflexão é o ponto inicial da filosofia e a condição básica do budismo. Não contradiz a ciência, mas assimila-a. Cada momento é um segmento sagrado do tempo e nunca mais se repete.

Sidarta era de uma família rica, muito rica. Diz a tradição que o pai dele era chefe de uma tribo no norte da Índia, a tribo dos xaquis — por isso ele e o filho eram conhecidos como xaquiamuni. Portanto, ele viveu todas as delícias da vida. Morava num palácio com o pai, tinha um harém, era um exímio cavaleiro, guerreiro — foi educado para isso — e viveu até os 29 anos de idade na maior mordomia.

Não sei se o que aconteceu com Sidarta foi o mesmo que se passou com Jesus. Sidarta teve um problema existencial: concluiu que apesar de todas as riquezas materiais de que dispunha, não era um sujeito feliz. E essa infelicidade acabou se revelando em três episódios místicos. O primeiro foi o fato de ele ter finalmente saído do castelo do qual jamais havia se afastado — o pai não deixava, pois havia uma predição de que Sidarta poderia abandonar tudo a qualquer momento. Daí o impedimento imposto pelo pai. Mas o filho ultrapassa os muros do castelo e encontra uma pessoa doente — ele nunca tinha visto uma pessoa doente. Isso o assusta e ele começa a pensar: "Será que um dia vou ficar doente também?". Em uma segunda saída, ele encontra uma pessoa muito velha, e se pergunta: "Será que um dia vou ficar velho também?".

Passado um tempo, numa terceira saída da cidade, ele vê uma pessoa morta, e se pergunta: "Será que vou morrer como essa pessoa? Sou tão rico, tenho tantas coisas...". Nas vezes em que se afasta de casa, ele vê a miséria generalizada em que aquele povo vivia. Diante disso, num repente, abandona tudo e se transforma num *brahmani*, ou seja, um monge do hinduísmo, e sai em busca da felicidade. Então Sidarta abandona o mundo da riqueza e passa a viver na pobreza. Possui apenas um andrajo e uma tigela para pedir esmolas nas vilas do reino.

Ele foi muito influenciado pelo hinduísmo — as seitas hindus são inúmeras, e uma delas predicava que o indivíduo teria que passar por provações físicas e mentais para que pudesse se tornar um santo. Sidarta enveredou por esse caminho. Conta-se que, numa passagem, ficou bastante tempo sem comer e quase morreu de fome, e sem alcançar o que queria. Alguns monges hinduístas até passaram a segui-lo, tal a persistência com que perseguia esse objetivo. Quando conseguiu escapar da morte por inanição, resolveu parar com experiências como essas e repensar seus métodos. As novas reflexões o levaram a um processo de introspecção, e não de extrospecção, para tentar encontrar dentro de si, e não fora de si, sua natureza humana. Somente quando um homem se torna um mestre de si mesmo pode viver uma vida verdadeira, uma vida real. Eis quando ele se senta debaixo de uma árvore, a Árvore Bô, e permanece ali por vários dias. E assim como Jesus é tentado por Satanás, Sidarta é tentado pelo deus Mara, que representa o terreno das aparências e do cotidiano. Mara incita Sidarta para que ele se levante e vá embora, mas ele permanece lá, firme, e chega à conclusão de que, depois disso, ele por fim encontrou a si mesmo. Ou seja, encontrou o caminho do meio, se iluminou. O caminho ideal é sempre o caminho entre as extremidades.

O caminho do meio mostrou que não era preciso todo aquele fausto em que vivia, e tampouco era necessário voltar-se àquela miséria e ao sofrimento pelos quais passou. Por isso o budismo é chamado de "a religião do caminho do meio, do equilíbrio". Ele começa a pregar o equilíbrio, o desapego dos bens materiais e, a partir daí, passa a ser reconhecido com o nome de Buda, que em sânscrito significa "o desperto". Seus adeptos experimentam a realidade não só através de seus sentidos, mas também através daquilo que Buda chama de "a verdadeira mente", que surge quando negamos nossas mais fortes inclinações, como o egoísmo. É então que ele começa seu trabalho, ou seja, ensinar as outras pessoas a experimentar o caminho da iluminação.

FREI BETTO: Jesus nasceu quinhentos anos depois de Buda. Sua história é bastante diferente. Quando ele nasceu, havia grande expectativa — que persiste entre os judeus ainda hoje — de que viria um Messias, e ele restauraria o glorioso reino de Davi e de seu filho Salomão. Jesus pertencia a uma família operária, de classe média baixa, pois seu pai era trabalhador da construção civil, sabia construir casas e, portanto, trabalhar com pedra e madeira, e não apenas carpinteiro, como muitos pensam. Portanto, não era de uma família miserável.

Jesus nasceu em Nazaré, não em Belém, tanto que era chamado "Jesus de Nazaré" ou "o nazareno" (Evangelho segundo João, cap. 19, vv. 19). Na Antiguidade, as pessoas não tinham sobrenome. Como sobrenome figurava o lugar de origem: Tomás de Aquino, que nasceu na cidade de Aquino, na Itália, ou Francisco de Assis.

Nazaré era uma cidade tão insignificante da Galileia que, em todo o Antigo Testamento, não é citada nenhuma vez. A Palestina, no tempo de Jesus, estava dividida em três províncias: Galileia, Samaria e Judeia. Nazaré tinha, no máximo, quatrocentas famílias. A capital da Galileia, na infância de Jesus, era Séforis. Depois passou a ser Tiberíades, a Brasília da época, pois foi construída à beira do lago da Galileia, em homenagem a Tibério César, imperador entre os anos 14 e 37.

Séforis ficava muito próxima de Nazaré. É bem provável que José tenha trabalhado como operário da construção civil em Séforis e, mais tarde, na edificação de Tiberíades. Portanto, Jesus veio de uma família de trabalhador braçal, que tinha condições dignas de vida. A escola era a sinagoga. Ainda não se encontrou o local da sinagoga de Nazaré, embora seja citada nos Evangelhos. O fato é que Jesus sabia ler, dominava o aramaico, língua falada pelo povo, e possivelmente o hebraico, pois leu, na sinagoga de Nazaré, um texto do profeta Isaías. É provável que conhecesse rudimentos do grego e do latim; latim, porque toda a Palestina era dominada pelos romanos, e o grego era o inglês de então. Sabia também escrever, pois os Evangelhos mencionam que ele redigiu no chão os pecados dos fariseus que ameaçavam apedrejar a mulher adúltera.

Para redigir os Evangelhos em forma de romance — publicado com o título de *Um homem chamado Jesus* —, visitei na Palestina e em Israel os lugares por onde Jesus passou. Constatei que praticamente toda a atividade dele foi em torno do lago da Galileia. Ali ficavam as cidades de Tiberíades; Cafarnaum, na qual residia o apóstolo Pedro; Magdala, de onde veio Maria de Magdala, a Madalena; Betsaida, Genesaré. Hoje são ruínas. Curioso é que nos Evangelhos não há notícia de que Jesus tenha entrado uma única vez em Tiberíades. Deduzo, sem nenhuma base científica, que na adolescência ele trabalhou com o pai na construção daquelas obras suntuosas da nova capital e, assim, criou horror à cidade, edificada à custa dos pesados impostos pagos pelos agricultores pobres. Por isso, nunca mais pisou naquela cidade. Essa hipótese é reforçada por uma das poucas ofensas saídas da boca de Jesus a uma autoridade política: quando lhe disseram que o filho do rei Herodes — Herodes Antipas, governador da Galileia, e construtor de Tiberíades — queria conhecê-lo, Jesus se recusou a atendê-lo e o chamou de "raposa" (Evangelho segundo Lucas, cap. 13, v. 32). Sinal de que Jesus tinha muita raiva de Herodes, até porque havia mandado degolar seu primo João Batista, de quem recebera o batismo.

Jesus nasceu dentro de uma tradição religiosa muito forte. Era um momento em que, na Palestina, se vivia uma grande expectativa, não só da vinda do Messias, mas do fim do mundo. Respirava-se a ideologia apocalíptica, surgida alguns séculos antes de Jesus, e tudo indica que ele também acreditava na iminência da vinda do Reino de Deus. Portanto, toda a maldade e injustiça iriam acabar. O episódio do Evangelho em que isso é mais acentuado é justamente o único relato sobre uma ação violenta de Jesus, quando entrou no Templo de Jerusalém e destruiu a chicotadas a mesa dos cambistas (Evangelho segundo João, cap. 2, vv. 13-15).

O Templo de Jerusalém era o principal banco do Império Romano. Os judeus comemoravam três grandes festas anuais, e para ali convergiam milhares de devotos de todas as províncias mediterrâneas. Jerusalém tinha, habitualmente, uma população de 20 mil habitantes. No período de festas, chegava a 100 mil, ou seja, quintuplicava. Animais eram sacrificados no Templo como oferendas, e o imperador romano pagava para que, diariamente, fosse sacrificado um touro, para evocar as graças de Javé. Fazia isso por via das dúvidas, já que ele era pagão... Também eram oferecidos pequenos animais, como passarinhos e pombos. Foi o que Maria e José puderam comprar quando Jesus foi apresentado no Templo, porque não tinham dinheiro para adquirir um animal de maior porte. O dinheiro dos peregrinos vindos de outras regiões era trocado pelos cambistas do Templo.

Por que Jesus foi a Jerusalém em um momento em que já estava sendo perseguido, e cometeu o ato tão agressivo de derrubar as mesas? O Evangelho segundo Marcos dá a entender que Jesus acreditava que aquele gesto provocaria a manifestação do Reino de Deus. No entanto, nada aconteceu. Foi quando ele se deu conta de que não haveria coincidência entre seu tempo pessoal e seu tempo histórico. Em seguida, fugiu, se escondeu e, depois, foi preso, torturado e condenado à morte. Por isso, alguns autores, como Alfred Loisy, teólogo francês, afirmam que ele pregou o Reino, mas o que veio foi a Igreja... Mas em nenhum momento Jesus pretendeu fundar uma Igreja ou uma religião.

HERÓDOTO BARBEIRO: Nisso se parece com Buda, que também nunca pensou em fundar uma religião.

FREI BETTO: O que Jesus queria era anunciar uma proposta revolucionária que vinha do Antigo Testamento, de um projeto civilizatório baseado no amor e na justiça, que ele denominava Reino de Deus, em contraposição ao reino de César. Para Jesus, o Reino de Deus não se situava apenas "lá em cima", no céu, e sim lá na frente, no futuro da história da humanidade. A Igreja, com o tempo, espiritualizou-o de tal maneira que o Reino de Deus ficou "lá em cima". Se Jesus tivesse pregado meros preceitos religiosos, uma nova espiritualidade, certamente não representaria ameaça à ordem política e econômica. Mas anunciar o Reino de Deus dentro do reino de César era o mesmo que, hoje, preconizar a democracia dentro de uma ditadura. Isso é reforçado pela morte tão brutal que ele sofreu, pois se o Reino de Deus fosse *somente* "lá em cima", por que as autoridades judaicas e romanas decidiram assassiná-lo? É bom lembrar que, naquele tempo, não havia distinção entre religião e política; quem tinha o poder religioso tinha também o poder político, e vice-versa.

HERÓDOTO BARBEIRO: É um crime contra o Estado.

FREI BETTO: Assim como Sidarta, Jesus também assumiu o caminho do meio. A religião judaica tinha dois extremos: os fundamentalismos puritano e legalista. O primeiro, representado pelos monges essênios, cujas ruínas visitei, próximas ao mar Morto, onde desemboca o rio Jordão. Aqueles monges viviam em penitência permanente. Tudo indica que João Batista, primo de Jesus, foi essênio antes de sair pelo Jordão para semear sua proposta religiosa. João era homem de penitência. Jesus, ao contrário, chegou a ser acusado de "glutão e beberrão". E se justificou ao afirmar que não se pede aos amigos do noivo que jejuem enquanto estão com o noivo. As festas de casamento, na época, demoravam vários dias, durante os quais todos os judeus ficavam suspensos das obrigações preceituais de restrição alimentar.

No outro extremo, havia o legalismo dos fariseus, saduceus e sacerdotes do Templo, que tudo enquadravam no antagonismo puro ou impuro, enquanto Jesus o fazia no antagonismo justo ou injusto. Jesus pouco se importava com os ritos de purificação. Era criticado, inclusive, por não fazer as abluções, porque os judeus, antes de se sentarem à mesa, lavavam as mãos várias vezes.

HERÓDOTO: Isso era importante?

FREI BETTO: Para Jesus, essa prática não tinha a menor importância. Ensinava que a impureza não vem das mãos, e sim do coração. Isso irritava profundamente os fariseus e os saduceus. Muitos estudiosos cristãos dos Evangelhos sugerem que Jesus não tinha plena consciência de que ele era o Messias ou o Filho de Deus, como nós, cristãos, acreditamos. Só teria se dado conta disso ao ressuscitar. Nesta vida, ele mantinha profunda intimidade com Deus, o que destoava da relação tão escrupulosa dos judeus com Javé, a ponto de sequer pronunciarem a palavra Javé que, em hebraico, não tem vogal, é impronunciável. No entanto, Jesus chamava Javé de *Abba*, em aramaico, que significa "meu pai querido". Isso reflete uma intimidade muito profunda.

O que é surpreendente a muitos é saber que Jesus tinha fé como nós temos. A ideia de que ele trazia na mente uma visão onipresente de Deus não tem fundamento teológico. Prova de que tinha fé como nós é que se retirava pela manhã ou à noite, como informam os Evangelhos, para orar, e passava muitas horas em oração.

HERÓDOTO: Assim como Buda, Jesus meditava?

FREI BETTO: Tenho para mim que Jesus passava longos tempos em meditação. Não acredito que ele orasse como a minha avó paterna. À noite, ela abria a lista de oitenta e tantos nomes da família e, enquanto não rezasse por cada um, não terminava as orações, achando que se alguém morresse não teria reduzida sua pena no purgatório ou não se salvaria do inferno...

Jesus costumava passar a noite em oração. Quem de nós, nos últimos dez anos, passou uma noite em oração? Suponho que ele meditava. Ou seja, falamos muito de Deus, sobre Deus, a Deus, mas não deixamos Deus falar em nós. Porque isso mexe muito com os rumos de nossas vidas. Jesus, no entanto, deixava Deus falar nele.

Essa é a grande contribuição do budismo ao cristianismo — a meditação como excelência de oração. Na meditação, escutamos Deus, um escutar sem ouvidos e palavras, uma intuição, irmã gêmea da inteligência. Inteligência, em latim, significa *intus legere*, ser capaz de "ler dentro". Recordo a cozinheira do meu avô materno, Bertula, filha de escravos, que nunca aprendeu a ler, mas era muito inteligente. Às vezes, chegava uma visita na casa de meu avô e ela apenas observava. Depois, chamava minha avó e alertava: "Olha, sabe aquela pessoa? Não confie, não". Dito e feito. Era inteligente e intuitiva também, como se lesse no interior das pessoas e pressentisse algumas situações. A intuição é irmã gêmea da inteligência. Esta opera na mente, aquela no plexo solar.

Jesus só teria se dado conta de que Deus o escolheu para ser a sua encarnação no momento em que ressuscitou. Tanto que chorou na hora da morte, teve muito medo. O Evangelho diz que chorou lágrimas de sangue.

HERÓDOTO: Gostaria de fazer um paralelo entre Buda e Jesus. Buda teve a oportunidade de se iluminar aos quarenta anos de idade, aproximadamente. E essa iluminação foi alcançada através da meditação. A meditação que conhecemos pelo nome de Zazen e é atribuída a uma seita do budismo é, na verdade, anterior ao próprio budismo. Esse método já era conhecido no hinduísmo. O próprio Buda, quando se sentou debaixo da Árvore Bô e se iluminou, o fez através do Zazen ("dyana", como era conhecido na Índia; "tchan", na China). Trata-se de uma meditação que proporciona o encontro do indivíduo consigo mesmo, isto é, com a própria natureza divina. Ele viveu até os oitenta, portanto pôde se tornar um professor, pôde passar o conhecimento adiante. Passou a ensinar o método para aqueles que quisessem aprendê-lo. Vagou por regiões, poucas ainda naquele momento, viajou sobretudo pela área chamada de Benares (também conhecida como Varanasi), indo de aldeia em aldeia. Na época, Buda e seus seguidores fizeram um voto de absoluta pobreza. Quem o seguia não tinha nenhum bem, a não ser uma tigela, açafrão e um manto vermelho. Pediam comida nas cidades.

FREI BETTO: Buda realizava milagres?

HERÓDOTO: Não. O povo na Índia estava muito acostumado com os brâmanes, a quem atribuíam milagres. Acreditavam que eram os intermediários entre os deuses, no plural, e a população. E Buda dizia que ele não era intermediário entre as divindades e os seres humanos, pelo contrário; em todas as suas prédicas, o que ele mais repetia era "não acreditem em uma única palavra do que estou dizendo, apenas experimentem". Um líder religioso que diz "não acreditem no que digo" é algo inusitado. Os líderes religiosos geralmente dizem "acreditem no que estou dizendo, porque tenho a inspiração divina". Como ele só meditava, era considerado apenas um ser humano que havia se iluminado, que havia encontrado a própria essência. Ou seja, ele não era capaz, por exemplo, de ressuscitar uma pessoa. As pessoas podem encontrar Deus dentro delas mesmas. Todas as criaturas, segundo Buda, têm uma essência divina. Nada tem existência permanente, e por isso não faz sentido se agarrar às coisas. Não há alma separada do corpo.

Certa vez, Buda e seus seguidores chegaram em uma pequena aldeia e apareceu uma mulher chorando com um recém-nascido no colo. Ela gritou e todos na aldeia se juntaram. Ela entregou o bebê a Buda e disse: "Peço que ressuscite a criança". E ele já tinha dito que não ressuscitava ninguém, mas a mulher não compreendia. Então ele disse: "Vou ressuscitá-lo, mas para isso preciso de três sementes de gergelim obtidas em uma casa onde a morte nunca tenha entrado". Então ela passa o dia inteiro indo de casa em casa em busca das três sementes, mas em todas já tinha ocorrido alguma morte. E quando ela retorna, no fim da tarde, já tinha entendido que a morte era uma consequência inevitável; por isso entrega o bebê para ser cremado, conforme o costume da época.

Com esses exemplos, Buda queria mostrar que não é fácil encontrar-

-se consigo mesmo, pelo contrário; é quase uma trombada. E que esse encontro geralmente é algo que se constrói com o tempo. Algumas seitas budistas acham que isso pode ser feito num estalar de dedos. É o que acontece com os koans, pequenas histórias que aparentemente não têm lógica e nas quais, de repente, a pessoa se ilumina.

Segundo Buda, o nascimento e a morte eram apenas passagens para futuras reencarnações do carma. Isto é, a vida como o intervalo entre o nascimento e a morte. Quando Buda está próximo da morte, aos oitenta anos, ele se deita do lado direito do corpo e seu primo, Ananda, que o acompanhou desde o início, começa a chorar. Buda então diz: "Você não aprendeu nada daquilo que te ensinei? Vai chorar logo agora?". Ele não via a morte como algo a ser lamentado; era para ser entendida como um fato natural da existência humana, assim como o nascimento e todas as coisas que intermediaram o nascimento e a morte.

FREI BETTO: Quais eram os princípios fundamentais do pensamento de Buda?

HERÓDOTO: Acho que eles se parecem com os de Jesus. Buda dizia que a compaixão e a sabedoria eram os pilares gêmeos da verdade. Sabedoria significa entender a verdadeira natureza do Universo e da vida humana. Compaixão significa abraçar a todos, sem rejeitar ninguém.

Politicamente, o budismo não ocupava um espaço confortável na Índia. Primeiro porque havia os brâmanes e senhores feudais indianos; segundo, porque lá já existia uma religião estabelecida desde 8 mil a.C. O que Buda, portanto, fazia que criasse problemas? Ele era percebido como um reformador dos velhos preceitos hinduístas e dizia que todos os seres humanos eram iguais. Numa sociedade de castas, falar uma coisa assim não soa bem. Depois, ele dizia que homens e mulheres tinham os mesmos direitos. Numa sociedade em que as mulheres não tinham direito algum, essa atitude era uma heresia. Mas ele não pretendia ser um reformador social, nem um líder político; no entanto era inevitável que suas ideias refletissem diretamente na forma como a sociedade estava construída na Índia daqueles tempos.

FREI BETTO: E por que o budismo praticamente sumiu da Índia?

HERÓDOTO: O fato de o budismo ter se expandido sobretudo fora da Índia — o que é irônico — se deve muito a essas questões políticas. E o budismo atual traz poucas marcas desse país. Lá, seus seguidores deixaram de considerar os ensinamentos que os brâmanes, aliados dos senhores feudais, pregavam, tornando-se propagadores de uma doutrina que não interessava às classes dominantes. Por isso os budistas sofreram perseguições e fugiram para outras regiões, levando consigo a doutrina, o dharma. Creio que o mesmo se deu com os cristãos no Império Romano. Fugiram em direção ao Sul, ao atual Sri Lanka, país em que, hoje, mais de 80% de sua população é budista. Depois a filosofia foi em direção ao Tibete, chegou à região central da China e finalmente alcançou a Coreia e o Japão. É um fenômeno cultural interessante: à medida que o budismo se expandia, foi sofrendo um sincretismo religioso, misturando-se com as religiões locais. Daí se estabeleceu uma balbúrdia geral. Imagine: a religião não tinha texto, ou evangelho, Buda não escreveu nem uma linha sequer. A única maneira de se entender a diferença entre o budismo e as outras religiões era comparar a meditação Zen às preces.

FREI BETTO: Jesus também não deixou por escrito nem uma linha.

HERÓDOTO: De fato. Então chegou um momento tal em que não se sabia o que era o budismo e o que eram as religiões locais. Com o tempo, muitas vertentes foram se consolidando. Entre elas o lamaísmo no Tibete e uma série de práticas esotéricas. Alguns vendedores de ilusão se aproveitaram para escrever muita coisa absurda, sobre a terceira visão, por exemplo, a levitação, aquelas bobagens todas que fizeram grande sucesso na década de 1970. Você deve se lembrar disso...

FREI BETTO: Sim, lembro.

HERÓDOTO: Quando alcançou a China, sofreu uma forte influência do taoismo e do confucionismo chineses. Em resumo: o zen-budismo é portanto uma religião que se originou na Índia e demonstra contato íntimo com a cultura intelectual indiana, a cultura prática da China e a cultura artística do Japão.

FREI BETTO: Em um processo de enculturação...

HERÓDOTO: Sem dúvida. E por incrível que pareça, para que os ocidentais pudessem entendê-lo, o budismo só se estruturou, se unificou, na década de 1960, quando a Sociedade Budista de Londres [London Buddhist Society], comandada pelo estudioso Christmas Humphreys, chamou os mestres budistas do mundo todo e abriu a discussão para ver o que havia de concordância entre eles. Então estabeleceram os princípios comuns e os pontos básicos da religião. Até então, as práticas eram todas absolutamente voltadas para os costumes locais. A cultura difere da civilização que a contém por causa de seus elementos espirituais. De certa forma é assim até os dias de hoje, mas os preceitos básicos são aceitos por todas as escolas e seitas. Eu mesmo tive oportunidade de verificar isso no Butão, Sri Lanka, Myanmar e Tailândia.

FREI BETTO: E como o fundador do budismo era representado?

HERÓDOTO: O interessante é que até mais ou menos duzentos, trezentos anos depois da morte de Buda, não havia uma única estátua sua. Foi então que alguém resolveu fazer uma, sem nunca ter visto Buda. As estátuas se espalharam por todo lado. Ocorre que, com tamanha profusão de imagens, umas foram desenhadas de um jeito e outras, de maneira diferente. E mais: os personagens dos panteões chinês e japonês foram todos elevados a santos budistas. Aí ficou uma bagunça total. As pessoas veem aquele gordo sentado e dizem "Olha o Buda, ele dá sorte, põe uma moedinha na barriga dele", mas isso não tem nada a ver com Buda. Isso tem a ver com as influências vindas da China e do Japão, com o xintoísmo japonês.

Durante longo tempo, as práticas religiosas ficaram muito misturadas, tanto por causa do sincretismo religioso quanto porque não havia um texto escrito e estabelecido. Há apenas um único livro, o *Dhammapada*, cujo conteúdo é atribuído a Buda. De acordo com a tradição budista Theravada, encontrada no Sudeste Asiático, cada verso do *Dhammapada* foi originalmente proferido por Buda como resposta a episódios específicos. São frases curtas que apenas resumem o pensamento dele. Por exemplo: "A mente é seu criador, pois são todos forjados pela mente. Se uma pessoa fala ou age a partir de uma mente impura, o sofrimento a segue como a roda que segue a pata do boi". Fora isso não há mais nada. Quero dizer, não existe um grande livro como em outras religiões, e sim inúmeros sutras. Mais adiante nos aprofundaremos nesta questão.

FREI BETTO: Como a Bíblia...

HERÓDOTO: É, como a Bíblia, como o Alcorão, que também é um livro bastante denso. Não, no budismo não existe algo assim. E foi dessa forma que o budismo se desenvolveu. O ponto central é mesmo o respeito à liberdade essencial de cada um seguir a própria consciência, sem nenhuma forma de pressão. Ignorou-se que uma religião não pode deixar de lado a liberdade do espírito, o respeito às ideias, a tolerância com outras religiões e o humanitarismo. A tolerância religiosa é um preceito fundamental e original da religião; o budismo jamais incentivou a guerra ou a obrigatoriedade de conversão. Não há proselitismo. As pessoas aderem se se convencerem que se trata de uma boa prática. O primeiro ensinamento do Buda foi: "Conhece-te a ti mesmo".

FREI BETTO: Falemos na primeira pessoa. Você nasceu em uma família budista? Como aderiu à religião?

HERÓDOTO: Não. Eu nasci numa família cuja mãe era católica e cujo pai era agnóstico. Fui educado na igreja Nossa Senhora da Paz, na baixada do Glicério, onde fiz a primeira comunhão. Fui católico até os dezesseis, dezessete anos, quando entrei para o Centro Anarquista do Brás, aí virei anarquista, e os anarquistas são ateus. Então passei a militar como ateu. Isso começou a mudar aos 22 anos, mais ou menos, quando, por uma coincidência, fui parar dentro de um templo budista na rua São Joaquim, no bairro da Liberdade, em São Paulo, não para ser budista, mas para dar aula.

FREI BETTO: Aula de quê?

HERÓDOTO: De inglês. E aí fiquei conhecendo a senhora para a qual devia dar aula. Essa senhora, por sua vez, iria dar aulas de ikebana para a mulher do cônsul da Inglaterra aqui em São Paulo. E por isso ela queria aprender algumas palavrinhas em inglês, pois só falava japonês. Eu não entendia nada de japonês. Isto não vai dar certo, pensei. Conheci o marido dela, me disseram que ele era o superior daquele templo, ou seja, era quem cuidava da organização interna da comunidade. Chamava-se Ryohan Shingu. Era um missionário, que chegou aqui na década de 1950, por aí. Eu nem sabia que monges se casavam, não sabia coisa nenhuma. Eles tinham uma casa velha, em frente ao colégio Roosevelt [Escola Estadual Presidente Roosevelt], com uma grande sala — naquele tempo, os templos não católicos não costumavam ter um aspecto de lugar religioso. Como se sabe, isso vem da constituição do Império. Olhei aquela sala e perguntei: "Quem é aquele magrinho que está ali na frente, o dourado?". E eles disseram que era Buda. "Mas Buda não é gordo?" E eles disseram: "Deixa de ser ignorante, vai estudar, rapaz". Quis saber o que eles faziam naquele espaço e eles me explicaram que meditavam; que a sala se chama zendo e era um lugar para a meditação. Quis saber se, mesmo sem ser japonês e não falar a língua, eu poderia frequentar o lugar. Eles concordaram. E lá fui eu, num sábado à noite; eu era jovem, e em noite de balada eu estava lá no templo. Perguntei: "Bem, o que eu faço agora?", e eles disseram que eu ficasse sentado, olhando para a parede. Foi o que fiz. "Sobre o que vou meditar?", perguntei. "Isso é um problema seu", me responderam. Fiquei lá sentado por meia hora, meu olho rodava de um lado para o outro. Um dos monges que conduziam a meditação usava um bastão, o kiosaku, feito de bambu, para bater no ombro de quem estivesse com muita tensão ali. Às vezes eu o via fazendo isso e pensei "Caramba, esse pessoal é maluco. Além de não se mexer, apanham!".

FREI BETTO: Como era o ritual da meditação?

HERÓDOTO: Depois de meia hora, andamos um pouco pela sala para esticar as pernas e nos sentamos de novo. Então o superior explicou um ponto da doutrina do budismo, o que foi traduzido do japonês para o português pelo monge Ricardo Mário Gonçalves. A cerimônia terminou e enquanto tomávamos um ban-chá, perguntei: "O que vou ler? Não existe algo como um catecismo, não tem uma biblioteca?". Disseram que não. "E como vou aprender?", insisti. "Por intuição", me responderam. "Como assim, por intuição?" "O zen-budismo não se transmite oralmente." Quando ouvi isso, foi como se eu tivesse sido atropelado por um caminhão. Como é que vou aprender algo que não é transmitido oralmente? No sábado seguinte, lá estava eu de novo. E continuei indo sistematicamente, até entender que não precisava de temas para meditar, porque estavam todos dentro de mim. Que ninguém precisava me ensinar nada, porque o budismo parte do princípio de que todas as sabedorias já estão dentro do ser humano; apenas precisamos tomar conhecimento da sua existência. E assim foi a minha atribulada entrada para o budismo.

Depois de algum tempo, fui considerado um Lay Monk, ou Monge Leigo, e me outorgaram o nome do patriarca Gento Ryotetsu e um símbolo da Samsara, a roda do tempo, para eu não me esquecer de que, segundo Buda, tudo está em constante movimento, sobretudo a vida. Hoje me considero um budista independente e costumo dizer que carrego o templo nas costas.

FREI BETTO: Minha história é bem diferente. Nasci em uma família católica, cuja mãe já era da Teologia da Libertação *avant la lettre*, pois nem se usava esse termo. Minha mãe tinha uma visão progressista e ultramoderna do cristianismo, e meu pai era visceralmente anticlerical, porque na infância e adolescência tinha tido experiências muito negativas em contato com padres e bispos. Meu avô paterno ocupou cargos importantes no governo de Minas Gerais e, depois, na Presidência da República, no Rio de Janeiro. Costumava receber, no casarão em que morava, em Belo Horizonte, padres e bispos que vinham de trem do interior. Naquela época, quase não havia hotéis, e meu pai sempre se lembrava que via a mãe dele, que tinha um defeito grave na coluna, anatomicamente aparente, levantar às duas da madrugada para aquecer água no fogão de lenha para o banho do padre ou do bispo. O hóspede nem sequer se levantava para ajudá-la. Meu pai respeitava a religiosidade de minha mãe, mas com uma condição: a de nenhum padre entrar em nossa casa. A única exceção era o padre Agnaldo Leal, por ser erudito e de mente aberta. Meu pai era um leitor voraz; os dois lugares que ele mais frequentava eram livrarias e padarias. Quando ele faleceu, em 2002, havia em nossa casa uns mil livros. Na minha infância, não havia um cômodo usado como biblioteca; os livros se espalhavam pela casa inteira.

Fui educado no catolicismo de minha mãe e no catecismo de paróquia, que enfatizava o medo do inferno, a obrigação de fazer penitências, todo aquele catolicismo tradicional, repressivo, moralista, principalmente em cima da sexualidade. E, em casa, meu pai repetia, em alto e bom som: "Filho meu pode ser tudo, menos vestir saia". Tinha duplo sentido.

Cresci nessa ambiguidade entre um cristianismo progressista da mãe, moralista da catequese da paróquia, e um pai anticlerical que tinha muito medo de a gente — no meu caso especificamente, porque eu era mais religioso do que meu irmão mais velho — vir a ser padre ou homossexual.

HERÓDOTO BARBEIRO: Como você se tornou um religioso?

FREI BETTO: Aos treze anos me aconteceu — assim como ocorreu a você, Heródoto, na Liberdade, naquele sábado à noite — uma iluminação, um fator que mudou toda a minha vida. Eu tinha dois amigos na turma de rua, Mauro Lambert e Rodrigo Dolabela. Vi-os cochichando, sentados no muro do outro lado da calçada da minha casa, em Belo Horizonte. Fiquei curioso: "O que tanto cochicham?". Ficaram meio sem graça quando os interrompi, pois trocavam um segredo. Tanto insisti que me revelaram o segredo: "Somos de um movimento secreto". Achei aquilo uma maravilha! Aos meus treze anos saber que existia um movimento secreto... "Somos da JEC." "O que é JEC?", perguntei. "É a Juventude Estudantil Católica."

A JEC era um dos ramos da Ação Católica, movimento da Igreja Católica para leigos. A Ação Católica se dividia em A, E, I, O, U: JAC, JEC, JIC, JOC E JUC. JAC para os agricultores; JEC para estudantes secundaristas; JIC para profissionais independentes, autônomos, geralmente professoras; JOC para operários; e JUC, universitários.

"Na JEC só nós sabemos quem é militante; para efeito externo somos apenas cristãos." O que era muito inteligente, porque o militante não tinha um rótulo, como tem hoje o pessoal da TFP [Terra, Família e Propriedade] ou da Opus Dei. O militante da Ação Católica aparecia como um simples cristão. Achei aquilo fantástico. Insisti para que me aceitassem. "Você não tem idade", disseram. Tanto insisti, que acabei sendo levado à sede da JEC, onde fui acolhido pelo frei Chico, hoje casado e conhecido por seu nome de batismo. Coincidiu, na época, de ingressar no movimento outro adolescente, Henriquinho, irmão do Betinho [Herbert José de Souza], que já passara da JEC para a JUC. Henriquinho também tinha treze anos e, depois, virou cartunista famoso, o Henfil. Nós dois fomos rechaçados por sermos muito novos; geralmente se entrava na JEC a partir dos quinze anos. Caçoavam de nós: "Vamos ter que fundar uma pré JEC, porque isso aqui está virando jardim de infância". Isso feriu os nossos brios, o que nos fez ficar ali, firmes. Tanto que o Henfil iniciou sua carreira de chargista na JEC, no jornal *Resmungo*, mimeografado. Ilustrava o jornal; depois se lançou na revista *Alterosa* e, enfim, ganhou prestígio.

O que me impactou ao entrar na JEC foi deparar-me com um movimento de cristianismo para jovens, abraçado a uma concepção inversa da que eu havia aprendido, por exemplo, nas pregações da paróquia dos frades holandeses, meus vizinhos. Frei Chico e os dominicanos diziam: "Isso de se masturbar não é pecado. Pecado é injustiça, opressão, sonegar salário. Pecadora é essa sociedade que cria criminosos, obriga as mulheres a se prostituírem para se manter etc.". Para mim, foi uma mudança copernicana. E me empenhei muito no movimento, realmente tinha uma metodologia fantástica, porque havia a JEC feminina e a masculina, não se misturavam. Na JUC não, eram rapazes e moças juntos. Escolhíamos alunos líderes na escola para ser jecistas, porque certamente o líder convenceria outros a aderir à proposta de Jesus. Era curioso, porque eu me aproximava do líder e me tornava amigo dele, mas não dizia que eu era da JEC. Ele estranhava eu frequentar bailes, agir como os demais jovens e, ao mesmo tempo, ir à missa, comungar. Até o dia em que eu o convidava para tomar um chope e, então, levava mais dois jecistas, como meus amigos, que também não abriam o jogo. Então o líder ficava surpreso porque um dizia "domingo vou à missa", o outro completava "eu também, curto ir à missa". E o líder, naquela idade em que ainda somos meio mimetistas, acabava convencido a fazer o mesmo para se identificar com a turma. Havia horas dançantes promovidas pelas JEC masculina e feminina. Avisávamos às meninas: "Esse cara está sendo paquerado". Na época, usávamos o termo "nucleado", fazer nucleação, que equivalia a evangelizar e trazer para a Igreja por meio da Ação Católica. As meninas ficavam atentas, o nucleado tirava uma jecista para dançar sem saber que ela, como outras ali, era militante. E ela puxava o papo para Jesus, o Evangelho etc. Esse era um dos métodos de conquistar adeptos para a JEC.

HERÓDOTO BARBEIRO: Quais eram as ações de vocês?

FREI BETTO: Promovíamos algumas atividades, como vigília sábado à noite, no convento dos dominicanos, que ficava no alto da serra, no limite de Belo Horizonte, perto do Palácio das Mangabeiras, residência do governador. Levávamos todos os estudantes que estavam sendo nucleados, passávamos um filme como *Tempos modernos* [de Charles Chaplin, 1936], ou um documentário didático, depois bate-papo e, no fim, frei Chico ou frei Mateus, que era da JUC, celebrava missa, uma missa diferente, porque todos podiam comentar o texto do Evangelho. Terminava com um chá. Lá pela uma da madrugada, quando o transporte público já não circulava, descíamos a pé rumo ao centro da cidade, conversando, e aos nucleados, já enturmados, abríamos o jogo: "Somos da JEC". E muitos aderiam ao movimento.

A JEC era um sucesso no Brasil inteiro. Fui dirigente do núcleo de Belo Horizonte e, com dezessete anos, indicado para a equipe de coordenação nacional, no Rio. Éramos seis rapazes dirigentes nacionais. Não eram os padres que dirigiam o movimento efetivamente; éramos nós, jovens. Havia a pedagogia do paternalismo zero. Vejo hoje um garoto de dezessete, dezoito anos, e penso na diferença de qualidade, embora haja exceções. Com dezessete, dezoito anos, eu percorria o Brasil, fazia palestras em escolas, lia Jacques Maritain, Camus, Sartre, participava dos debates do pessoal da JEC em mesas de boteco, quando debatíamos filosofia, teatro, artes cinematográficas etc. Fui dois anos dirigente da JEC e, no terceiro, integrei a direção nacional da Ação Católica. Naqueles três anos (1962-64) praticamente percorri o Brasil inteiro duas vezes, capitais e principais cidades. Portanto, a minha formação vem daí, desse contato com os frades dominicanos e a participação no movimento estudantil. A inquietação vocacional surgiu desde os dezesseis anos, mas como gostava muito de namorar e dançar, fui adiando a decisão.

Nasci em uma casa literária. Meu pai, Antonio Carlos Vieira Christo, sempre escreveu. Durante quarenta anos, foi cronista dos principais jornais de Belo Horizonte. E minha mãe, Maria Stella Libanio Christo, já tardiamente, aos sessenta, virou escritora renomada de culinária. Publicou vários livros, o mais conhecido é *Fogão de Lenha, 300 anos de cozinha mineira*. Desde pequeno eu gostava muito de ler e escrever, mas achava que era uma veleidade inalcançável pensar em ser escritor. De fato, pensei em ser autor, porque escritores existem muitos; difícil, neste país, é virar autor. Então resolvi ser jornalista.

Em 1964, ingressei no curso de jornalismo da Faculdade de Filosofia da Universidade do Brasil, no Rio. Para sua santa inveja, Heródoto, tive como professores Danton Jobim, Alceu Amoroso Lima, Hermes Lima, Sobral Pinto... Sumidades!

HERÓDOTO: Um timaço!

FREI BETTO: Contudo, veio o golpe militar. A JEC tinha caráter revolucionário, apoiava a luta sindical, o Jango, até porque atuávamos no movimento estudantil, em aliança com os comunistas, contra a direita. Por isso fui preso, confundido pela repressão como militante da Ação Popular (AP). Da JUC surgira a Ação Popular, e a ditadura não fazia distinção entre AC e AP, Ação Católica e Ação Popular. Toda a direção da JEC e da JUC foi levada para o Cenimar. Me confundiram com o Betinho, por causa das coincidências: Betto e Betinho, AC e AP, os dois de Belo Horizonte etc. Até se convencerem de que eu não era a pessoa que procuravam, levei umas porradas. Fiquei quinze dias preso, com outros companheiros, e fui solto por interferência do cardeal do Rio, Dom Jaime de Barros Câmara. Nunca houve processo dessa primeira prisão; da segunda, em 1969, sim.

Após a prisão, acentuou-se em mim a dúvida vocacional: o que Deus quer de mim? Sempre gostei muito de orar, principalmente de manhã. Então, decidi entrar para o convento dos dominicanos para ter certeza de que aquele não era o meu caminho. Não queria chegar aos quarenta anos e pensar que, diante de Deus, fui covarde. Quem sabe deveria ter sido frade? Sou jovem, tenho toda a vida pela frente, vou fazer a experiência e, assim, tiro isso a limpo. Entrei. O primeiro ano de um frade chama-se noviciado. Entra-se em um regime de clausura, muito mais do que em qualquer época posterior. Fica-se isolado.

Quando comuniquei ao meu pai, a última pessoa a saber que eu ingressaria na vida religiosa, ele me enterrou simbolicamente. Como nunca enterrou um filho, foi a única vez em que foi visto derramando lágrimas. Admitiu que já desconfiava. Disse apenas: "Nunca mais fale comigo".

Já no fim daquele ano de 1965, constatou que os dominicanos não eram bem aquele tipo de padre que havia conhecido. Nos reaproximamos aos poucos e, enfim, ele se tornou fã da Teologia da Libertação, e amigo de Dom Paulo Evaristo Soares e de Dom Pedro Casaldáliga. Foi uma mudança radical.

HERÓDOTO: Como foi sua história no convento?

FREI BETTO: Quando entrei no convento, éramos doze noviços. Três meses depois fui acometido de profunda crise de fé, o chão me faltou. Comecei a achar aquilo tudo — missa, sacramentos, ofício divino — uma grande bobagem. Tínhamos que acordar muito cedo e ir para o coro, rezar em latim os salmos, e o terço à noite, após o jantar... Apesar da crise de fé, fui muito feliz no noviciado. Eu era o hortelão da comunidade. Nunca tinha cuidado de uma horta. Era tudo com esterco orgânico. Coava o lixo deteriorado e usava estrume de animais. Nada de pesticidas ou agrotóxicos. O convento ficava situado no limite da cidade e tinha um tanque que nos servia de piscina, de tamanho médio. Depois do trabalho, eu nadava, mesmo quando fazia frio, tanto que perdi o medo de água fria. Também se eu tivesse algum, na prisão teria acabado ou seria obrigado a passar quatro anos sem tomar banho...

Durante minha crise de fé, o mestre dos noviços, frei Henrique Marques da Silva, já falecido, homem muito sábio, me suspendeu de qualquer atividade. Disse: "Reflita, veja qual é seu caminho...". Eu tinha um diretor espiritual, frei Martinho Penido Burnier. Comuniquei a ele que estava decidido a deixar o convento. Ele me fez uma pergunta de sabedoria oriental, pois havia estudado no Oriente, na Escola Bíblica de Jerusalém, que pertence aos dominicanos e é considerada, na Igreja Católica, a melhor escola bíblica. Indagou: "Betto, se você estivesse caminhando à noite em uma floresta e a pilha da sua lanterna acabasse, o que faria? Continuaria caminhando, ou esperaria amanhecer?". Respondi o óbvio, que esperaria amanhecer. E me deu para ler as obras completas de Santa Teresa de Ávila. Essa mulher realmente mudou a minha vida. Não tenho nenhum fundamento para o que vou dizer, já pesquisei e nada encontrei, mas acho que ela e o João da Cruz beberam na fonte do budismo. Ele era discípulo dela. Toda a escala espiritual dos dois coincide com a metodologia budista de meditação. Realmente foi uma experiência extremamente deslumbrante de mística, que me marcou a ferro e fogo. Atribuo a isso estar nos dominicanos até hoje.

HERÓDOTO: No caso específico do budismo, ainda que haja ordens religiosas ligadas às três grandes escolas, não existe hierarquia entre elas. Além disso, os monges não são intermediários entre Deus e o ser humano, posto que todos os seres humanos têm o princípio divino dentro de si. Outra coisa curiosa é que, entre os monges, especialmente nos mosteiros japoneses, os mais graduados são aqueles que fazem os serviços mais pesados. Quem limpa o banheiro é o mestre do mosteiro. Por qual razão? Para que ele não perca a humildade. Os noviços fazem trabalhos leves; os pesados são para quem esta lá há mais tempo.

É fato também que em alguns lugares as crianças são instadas a se tornarem monges, sobretudo no Tibete, no Butão, algumas das regiões que tive a oportunidade de conhecer. No entanto, acho que as crianças não têm discernimento para saber se querem ou não se tornar monges. Mesmo assim, têm a cabeça raspada, usam seu manto amarelo, e as famílias deixam-nas lá no templo. Às vezes as crianças até choram, não querem ficar no templo. Isso é uma tradição cultural, não do budismo, mas das tribos onde a religião se desenvolveu. Como explicar a uma criança as três premissas básicas do budismo, ou seja, que todas as coisas são impermanentes, que tudo é fruto de uma causa e todas as coisas existem sem o self?

Outro ponto interessante é que não se é um monge permanentemente. Você é um monge enquanto quiser ser um monge. Pode-se ser e deixar de ser quantas vezes quiser. Se a pessoa quiser casar, como o superior do templo que citei, pode casar. Se quiser fazer outras atividades, tudo bem. Sair, voltar, enfim, nenhuma decisão precisa ser tomada pelo resto da vida. Ou seja, os monges têm que tomar uma decisão todos os dias. Todos os dias devem decidir se continuam ou não a ser monges.

O monge não precisa ficar necessariamente isolado do mundo exterior para que possa atingir seu objetivo máximo, ou seja, a iluminação. O budismo não está preocupado com outra coisa que não seja a iluminação de cada um. A semelhança que você apontou quanto aos mosteiros é verdadeira: o silêncio é muito cultivado no budismo. Em determinados lugares — cheguei a visitar alguns deles —, por exemplo, em Myanmar, as celas dos monges são cavadas nas rochas, para não haver nenhum barulho, nada que possa perturbar a meditação. O monge fica lá o tempo que achar necessário.

Buda disse: "Ergue uma ilha para ti. Reforça-te bastante e torna-te um sábio. Livre de impurezas e sem manchas, não voltarás ao nascimento e à decadência". Em outras palavras: os budistas estão sempre procurando o meio-termo, o encontro consigo. Não devemos odiar os que nos agridem; pelo contrário, devemos perdoá-los, porque são ignorantes. E a ignorância, diz Sidarta, é um dos três venenos da humanidade.

FREI BETTO: Qual a diferença entre um monge e um leigo?

HERÓDOTO: Nenhuma. Se o monge não é um intermediário entre Deus e os homens, não há diferença alguma. A única coisa que poderíamos dizer é que o monge tem mais treino, está na estrada há muito mais tempo, tem mais disciplina, mais conhecimento da meditação e dos textos budistas e sutras. Portanto, além de não haver hierarquia entre homens comuns e monges, o budismo não tem uma hierarquia interna, não tem um grande chefe. É verdade que em alguns templos essa hierarquia foi instituída. O Dalai-Lama é chefe de uma vertente do budismo tibetano estabelecida hoje na Índia. Mas se você for para outras regiões budistas do mundo, ninguém sabe quem é Dalai-Lama. Então não há essa estrutura que defina quem está mais ou menos próximo da iluminação. Logo, não há heresia. Isso é curioso, porque, não havendo heresia, ninguém nunca foi perseguido internamente na religião. Ao longo desses vinte e tantos séculos de existência do budismo, não há notícia de que alguém tenha sido perseguido por acreditar em algo diferente daquilo que os demais praticavam. O budismo sofreu perseguição na Índia, mas nunca pagou com a mesma moeda. Buda dissera que o melhor dos homens é aquele que se dominou e que suporta o abuso pacificamente, mas nem por isso de forma inerte.

FREI BETTO: Muito interessante...

HERÓDOTO: Não há heresia porque o que prevalece é sempre a concepção íntima da pessoa. O budismo é uma religião individual; o grupo budista é a soma das individualidades. As pessoas têm um ideal comum, mas ninguém vai me pegar pela mão e me levar em direção ao caminho da iluminação. Isso é um problema meu, é um problema de cada um de nós. A iluminação pode ter outros nomes, ter outros caminhos, obviamente. Mas é uma proposta que o budismo criou, e que se conecta ao que falei no começo: é um problema existencial, ou seja, meu problema não é saber se vou ser jornalista ou monge budista. Meu problema é o seguinte: Como saio desta? Isso é uma coisa muito maior. Como é que me ilumino? Por mais que eu persiga a iluminação, percebo que não a alcanço. Diante desse quadro, portanto, há uma flexibilidade muito grande dentro da filosofia budista. Diz Buda: "A diligência é o caminho para a imortalidade. A negligência é o caminho para a morte. Os atentos não morrem. Os desatentos são como se já estivessem mortos".

FREI BETTO: Isso que você diz, Heródoto, vem ao encontro de uma pergunta que me faço: se esse modelo de vida religiosa que existe hoje na Igreja Católica tem futuro. As vocações religiosas, tanto no ramo feminino, quanto no masculino, são cada vez mais raras. Nos anos 1960, quando entrei, havia noviciados com quinze, doze rapazes. Agora, quando muito, não passam de cinco. Gostaria de adotar um modelo parecido com esse que você acaba de propor, poder experimentar. Por exemplo, temos um movimento juvenil dominicano, integrado por jovens universitários dispostos a viver a espiritualidade que nós, frades, abraçamos. Mas não querem ser frades. Seria muito bom se o convento fosse aberto a um jovem que dissesse: "Venho viver na comunidade por um ano; depois decido se quero continuar ou não". Também uma moça poderia vir por dois anos, para um compromisso temporário, sem aquela pretensão de ficar a vida toda e fazer os votos perpétuos, que são chamados, entre nós, de votos solenes. No modelo atual, se perdem boas vocações. Gostaria que as nossas ordens e congregações religiosas se abrissem para algo parecido com o que você acabou de descrever. A questão de mediação entre o céu e a terra, felizmente, pelo menos na Igreja Católica já não existe. Pelo contrário, encontramos a cada dia pessoas simples do povo que têm muito mais coerência evangélica do que nós. Somos apenas responsáveis por levar a mensagem do Evangelho de forma, digamos assim, sistemática, mas não significa que somos aqueles que vivem melhor aquilo que Jesus propôs. Estamos distantes disso.

Mas eu quero começar a entrar nas questões levantadas a partir da leitura de suas obras completas, Heródoto. Qual a origem do seu nome budista, Gento Ryotetsu?

HERÓDOTO: Eu passei a frequentar um templo da escola Soto Zen, que veio do Japão para o Brasil e se instalou na rua São Joaquim, como disse. O fato de eu frequentá-lo e ter feito retiros espirituais durante algum tempo fez com que eles quisessem me homenagear com o título de monge leigo. Quando se dá esse título a alguém, em geral se escolhe o nome de um patriarca. Deram-me o nome desse patriarca chamado Gento Ryotetsu, como disse.

FREI BETTO: Parece coisa da Igreja de antigamente, quando se entrava para um convento ou mosteiro mudava-se de nome, adotava-se o de um santo.

HERÓDOTO: Exatamente. É quase a mesma coisa.

FREI BETTO: E quem trata você por esse nome?

HERÓDOTO: Hoje, ninguém, porque optei por carregar meu templo nas minhas costas. Aonde vou, levo meu templo. Optei por fugir, digamos assim, das igrejas. Mas o que é importante nesse caso é que quando se fala em informação e formação, está se referindo muito mais à meditação do que aos textos de aprendizado. Claro, os textos aparecem e você acaba lendo e se instruindo a respeito da cultura budista, mas quando se faz um retiro, ou se faz uma meditação — por exemplo, entre oito e nove da noite, depois entre uma e duas da manhã, depois entre quatro e cinco da manhã, depois entre oito e nove da manhã, e por aí vai —, no terceiro dia as coisas estão gritando na sua cabeça, tudo aquilo começa a aflorar, todas as coisas que você já teve na vida começam a aflorar muito rapidamente. Então chega um momento em que tudo é posto à prova — e eu passei por isso: tive vontade de levantar, sair correndo e nunca mais voltar; tive que me conter para não levantar e ir embora. Foi uma decisão pessoal continuar meditando e avançando no caminho do meio.

FREI BETTO: Imagino que outras pessoas passam por isso.

HERÓDOTO: Eu não sei se as pessoas passaram por essa experiência. O budismo não é uma religião coletiva, ainda que haja templos, procissões, comemorações, festas, enfim. É uma religião essencialmente individual. Ninguém pode conduzir alguém para a iluminação, é um esforço pessoal, intransferível. Buda apenas indicou o caminho e deixou para cada um a decisão de segui-lo ou não.

FREI BETTO: Por que se fica isolado?

HERÓDOTO: As meditações acontecem em grupo ou isoladamente. Os retiros são programados pelos templos ou pelos mestres. Há uma coletividade, a sanga, isto é, um grupo que tem o objetivo comum de buscar a iluminação. Ainda assim, é cada um por si.

FREI BETTO: E quando você quase se levantou e foi embora, o grupo todo aguentou?

HERÓDOTO: O grupo que mencionei aguentou, mas não sei em que condições. Eram mais experientes em retiros do que eu. Eu estava em frangalhos. É como se, durante esse período em que se vai dominando a mente, fosse aberta uma janela entre o consciente e o inconsciente. Então, ao se abrir essa janela, muita coisa que está no inconsciente começa a vir para o consciente. Aqueles fantasmas todos que eu enterrei carinhosamente de repente saíram e vieram à tona; de repente passei a me encontrar com eles.

FREI BETTO: Abriu-se a caixa de Pandora.

HERÓDOTO: Exatamente. Minha missão era enfrentá-los. Sem isso não haveria progresso no desenvolvimento da chamada mente verdadeira, que é aquela que aprendemos por intuição e cujas informações não nos são passadas pelos sentidos. Passei por uma experiência dessas, que costumamos chamar de insight, em que tudo se apagou. Era como se eu tivesse voltado para o Absoluto. E o Absoluto não tem começo, não tem fim e não tem meio. E eu passei por isso. Foi uma experiência prazerosa. Mas na medida em que voltava para a vida cotidiana, adquiria novos fantasmas. Sábios já disseram que é fácil ver o defeito nos outros, mas enxergar a nós mesmos é difícil. Ou eu desconstruo esses fantasmas, ou minha mente não vai se aquietar. Por esse motivo, no budismo, a mente humana é representada por um touro, e a pessoa está sentada em cima do touro. Ou seja, é preciso aquietar o animal. Aquietá-lo não é fácil, aquietar a mente não é fácil, porque ela prega muitas e muitas armadilhas sobre nós. Cria determinadas coisas que não existem e ainda assim acreditamos nelas.

FREI BETTO: A mente mente.

HERÓDOTO: A mente mente, sem dúvida alguma. Ela nos faz acreditar que fulano nos odeia, e o tal fulano nem sabe quem somos nós. Ou acreditamos que vai acontecer algo que não tem a menor chance de acontecer. Ou seja, sem o domínio da mente, não se tem esta abertura, esta expansão, para que se possa alcançar sua origem divina. Segundo Buda, todos os seres têm origem divina, não só os seres humanos, os seres sencientes de maneira geral, mas sobretudo os seres humanos. Para se alcançar a origem divina, no entanto, temos que dominar a mente. Ela é terrível. Eu já tive a sensação de tentar dominá-la em determinada situação em que ela batia dentro da minha cabeça, da minha caixa craniana, para lá e para cá, como louca. E eu não conseguia fazer com que se acalmasse. O domínio da mente é uma prática diária e só uma mente controlada traz felicidade, porque controla o apego.

FREI BETTO: Teresa de Ávila cunhou essa expressão, que muitos atribuem a García Lorca, porque ele a popularizou: "A imaginação é a louca da casa". A mente produz imaginação. O grande desafio é este — o aqui e agora. Colocar a mente sob rédeas...

HERÓDOTO: Sob rédeas, rédeas curtas. A mente tem que ter rédea curta. Até para orar... O próprio Buda passou por isso e disse que assim como um arqueiro endireita a haste da flecha, também o homem firme endireita sua mente — volúvel e instável, tão difícil de domar.

FREI BETTO: Pessoas que têm insônia, em geral tomam remédios, porque não sabem dominar a mente. Não sabem colocar a cabeça no travesseiro e fazer refluir a imaginação. Então não dormem. Tomei remédio para dormir uma ou duas vezes, ao viajar de avião, por causa de fuso horário. Passei quatro anos na prisão, de 1969 a 1973, e nunca tomei remédio para dormir.

Mudando de assunto: no prólogo do seu livro *Buda: o mito e a realidade*, você escreve: "A vida é um fim em si mesma". No entanto, numa citação no prefácio, tirada do [texto hindu religioso] Bhagavad-Guitá, você afirma que "todo morrer é um nascer". Não é uma contradição com a afirmação anterior?

HERÓDOTO: Concordo que seja uma aparente contradição. Buda, quando passou a desenvolver seu método, pensou nos seres humanos de uma maneira geral. E uma das primeiras conclusões a que ele chegou sobre si mesmo, e depois sobre as pessoas que o cercavam, foi a seguinte: os seres humanos sofrem. Não existe um pecado original no budismo, ninguém nasce já pecador, mas as pessoas sofrem porque vivem. Então a primeira sensação do viver, segundo o budismo, é o sofrimento, e não a felicidade. Buda se perguntou: "Por que sofro?". E foi atrás da causa do sofrimento. Procurar dentro do mundo a causa do sofrimento é uma empreitada gigantesca. De todo modo, ele chegou à conclusão que os seres humanos sofrem por causa do apego. Segundo ele, no instante em que me apego a algo, começo a sofrer. Por que razão? Porque passo a temer que me tirem o objeto do meu apego, então passo a viver em função dele. Fundamentalmente o apego é isso. Como bem disse Buda, assim como a chuva não penetra numa casa bem coberta de colmo, também a paixão jamais penetra a mente bem vigiada. O sofrimento se dá, portanto, ou porque quero que o objeto de meu apego fique comigo, ou porque há coisas das quais não gosto e as quero longe, mas estão perto. Ao fim e ao cabo, sofro pela proximidade e sofro pela distância. Mas o pensamento búdico está basicamente fundamentado na razão lógica: se existe um sofrimento, tem que haver uma causa. Aliás, no budismo, todas as manifestações têm causas. É por esse motivo que, talvez, o budismo não seja esotérico. Não há esoterismo no budismo original. Você pode dizer "Bom, já vi manifestações esotéricas", sim, porque vieram daquelas outras religiões que acabaram se misturando ao budismo, como falamos no início.

FREI BETTO: O sincretismo...

HERÓDOTO: Sim, o sincretismo, que ocorreu à medida que o budismo se espalhou pela Ásia. Por isso por muito tempo não se tinha uma definição dos preceitos fundamentais da religião. A escola do zen ou chan está muito próxima da escola do Sudeste Asiático conhecida como Therarvada.

FREI BETTO: Bem, vou frisar o ponto de vista cristão. Com certeza você foi batizado na Igreja Católica, certo? Já que sua mãe era devota de Nossa Senhora Aparecida.

HERÓDOTO: Certo.

FREI BETTO: Naquela época, havia a concepção de que nascemos pagãos. Portanto, há que batizar o quanto antes, pois, caso a criança morra, não vai para o inferno, porque não cometeu nenhum pecado mortal; não vai para o céu, porque não tem nenhum merecimento; não vai para o purgatório, porque não tem nada a purgar. Então vai para o limbo, uma invenção da teologia medieval. Quando aprendi isso na catequese, imaginava que o limbo era uma geladeira enferrujada, vazia, voando sem rumo pelo espaço, cheia de alminhas de bebês pagãos... O papa João Paulo II fechou o limbo, graças a Deus: o limbo não existe mais na teologia católica. E a teologia do batismo ou do pecado original evoluiu muito nos últimos anos. Todos nascemos em Deus, não há exceção, na medida em que o dom maior de Deus é a vida, e não a fé, a Teologia da Libertação ou a Opus Dei. Tudo que tem vida é manifestação de Deus, da Criação de Deus.

HERÓDOTO: Ao próprio Buda foi perguntado uma vez o que acontece com as pessoas depois que morrem. Ele disse: "Não sei. Se eu não consigo explicar o que acontece antes da morte, como vou explicar o que acontece depois dela?". Foi uma resposta franca.

FREI BETTO: Há que fazer uma distinção entre panteísmo e panenteísmo. Sou panenteísta. O panteísta diz que tudo é Deus. O panenteísta diz que Deus se manifesta por meio de toda a Criação. Portanto, uma criança que morre sem batismo vai para o céu, para o amor de Deus, para aquele lugar que, por analogia, a linguagem cristã chama de céu, um lugar sem limites, dor, tempo etc.

O que é o pecado original? Não é um ato cometido por um casal chamado seu Adão e dona Eva. Todos nascemos marcados pela estrutura injusta que predomina na sociedade. Ou seja, por força desse contexto em que nascemos estamos impregnados do que é bom e do que é mal, do claro e do escuro, do que convém e não convém. E o batismo é um sacramento que nos infunde a graça de Deus, para nos fortalecer frente a vida que virá. O batismo não é um sacramento-borracha que apaga algo do passado. É o fortalecimento da graça de Deus, tendo em vista o futuro da criança. A Igreja primitiva não batizava crianças, porque ser cristão era muito arriscado, por conta da perseguição do Império Romano. Após terminarem as perseguições, a partir do século IV, é que a Igreja começou a batizar crianças em confiança à fé dos pais e dos padrinhos. Ou seja, se os pais são cristãos, haverão de educar a criança na fé cristã.

Escrevi um livro sobre o evolucionismo, *A obra do Artista — uma visão holística do Universo*, no qual reproduzo toda a evolução da natureza com a linguagem da química, da física e da biologia, entremeada de espiritualidade. Escrevi também um livro sobre Teilhard de Chardin, *Sinfonia universal*. Ele era evolucionista. Durante muito tempo Chardin, padre jesuíta e cientista francês, foi rejeitado pela Igreja. Viveu mais de setenta anos, sendo que um longo período na China, e morreu em 1955. Escreveu muitas obras, entre livros e artigos, mas a Igreja nunca permitiu que publicasse uma linha. Nem assim deixou de produzir, e teve a lucidez de confiar seus escritos a uma amiga. Na década de 1960, virou best-seller mundial.

HERÓDOTO: No caso do budismo não existe batismo, como não existe o catequismo, ou seja, ninguém convence ninguém a ser budista, a não ser que a pessoa convença a si mesma. Quando olhamos um pouco para a história, percebemos que muitos religiosos tentaram convencer os chamados pagãos a se converterem à sua religião, frequentemente pela novidade que traziam e diversas vezes pela força física. Era a lei do "crê ou morre". No budismo, não; trata-se de uma conversão pessoal, espontânea, ninguém é obrigado a ser budista porque a família é budista. Acredito que é por isso que o ser budista não tem tantas obrigações formais como o batizado, a crisma, o casamento, seguindo preceitos de ordem religiosa, o que faz dessa filosofia algo universal, haja vista que não existem todas essas barreiras formais. Buda não estava preocupado em discutir a natureza de Deus; em nenhum momento o budismo discute a natureza de Deus. Quando se fala das religiões monoteístas — o judaísmo, o cristianismo e o islamismo —, ninguém fala do budismo. Porque ele é entendido por muitos como uma religião politeísta. A confusão se dá por causa das influências que sofreu. O budismo não é uma religião confinada em um templo ou monastério. Não está limitada pela repetição do nome de Buda, e sim pela prática da meditação, mas precisa ser revelado no cotidiano, nas ações de todo dia.

FREI BETTO: Não sei se estou certo, mas considero o budismo não uma religião, e sim uma espiritualidade que muito me ensinou quanto à meditação. Como já disse, aprendi muito com ela, principalmente quanto à meditação. O budismo tecnicamente é ateu, não professa a fé em uma divindade. É uma sabedoria, uma filosofia de vida. Me diga se isso é correto. O ser humano existe há duzentos ou 250 mil anos, quando emergiu o *homo sapiens*. As religiões existem há apenas 8 mil anos. As primeiras religiões apareceram 6 mil anos a.C. Desde que o ser humano surgiu, despontou a espiritualidade. O que é religião? É a institucionalização da espiritualidade. Faço uma analogia: desde que o ser humano apareceu, existe o amor. Mas não existia família, que é a institucionalização do amor. Há várias formas de relações amorosas que não se enquadram necessariamente no que, hoje, chamamos família. Enfim, somos todos resultados de uma evolução, e não filhos de seu Adão e dona Eva. Para quem sabe um pouco de hebraico, Adão significa terra, e Eva, vida.

Os autores bíblicos nasceram em Minas... Descrevem *causos*, que a Bíblia chama de parábolas. Em toda a Bíblia não há uma só aula de doutrina ou tratado teológico. É como um almanaque: tem receitas, anedotas, hinos, provérbios, poesias, histórias, genealogias, guerras, um pouco de tudo. Mas não páginas conceituais, pois adotam uma linguagem popular. Assim, foi criada a história de Adão e Eva, para dizer que viemos todos de uma mesma raiz e resultamos de um processo evolutivo. Prova do processo evolutivo é a descrição da Criação, no Gênesis, em seis dias. O ser humano só aparece no último. Os autores bíblicos já tinham uma concepção evolutiva do tempo, uma concepção histórica. Por último, se Adão e Eva tiveram apenas dois filhos homens, Abel e Caim, como estamos aqui? Graças ao incesto entre mãe e filhos?

Mas vamos em frente: Heródoto, você afirma no prefácio de um de seus livros que os três pilares do budismo são: meditação, ética e sabedoria. Explique isso, por favor.

HERÓDOTO: O primeiro pilar, que é o da meditação, é o caminho que Buda percorreu até se tornar uma pessoa desperta, até se tornar um ser iluminado. Quando Buda se tornou um ser iluminado, ele não se tornou um deus. Buda não é para ser louvado, então não há culto no budismo em torno de sua figura, ainda que em alguns templos os seguidores acendam incenso, levem flores e alimentos. Confesso que fiquei surpreso ao ver os altares em Myanmar, na Tailândia e no Sri Lanka.

FREI BETTO: Embora existam muitas estátuas...

HERÓDOTO: Sim, embora muita gente o faça... Há uma idolatria pesada que não faz parte propriamente do budismo, mas de todas essas religiões que surgiram em volta. Acho esse um ponto fundamental, a idolatria. Isso não foi instituído nem por Buda nem por seus seguidores originais.

FREI BETTO: Você, na sua casa, não tem uma imagem do Buda?

HERÓDOTO: Tenho duas ou três imagens na minha casa. Mas a questão importante é que o budismo não é nem ateu, nem teísta. Parece ser outra aparente contradição. De fato, a religião budista rejeita a ideia de um deus absoluto e declara que a essência de Buda, ou a natureza búdica, é própria de todo ser humano. Todas as coisas que existem são parte da natureza búdica, que se manifesta através dos fenômenos que têm forma. A existência não é algo estático e a não existência não é o vácuo. A impermanência transcende a existência e a não existência; ambas fazem parte do crescimento e do desenvolvimento do infinito.

FREI BETTO: O budismo é agnóstico?

HERÓDOTO: Não é ateu, nem teísta. Não é uma teoria. Ou seja, diferentemente de outras religiões, o budismo não discute a natureza de Deus, nem atribui a Deus uma série de acontecimentos que ocorreram ao longo da história da humanidade: atribui ao homem. E prega que à medida que os seres humanos sofrem, praticam aquilo que acham que devem praticar. Outra vez: se há sofrimento, há causa. Se a causa é estancada, o sofrimento é estancado. Diz-se: "Bom, mas existe um caminho para estancar o sofrimento". Esse é o terceiro ponto. E no quarto ponto se diz: "O caminho é agir corretamente, falar corretamente, ouvir corretamente". Esses quatro princípios que seriam, digamos, os mandamentos do budismo — o sofrimento; a causa do sofrimento; como acabar com o sofrimento; e o caminho indicado para isso — são chamados de "as quatro nobres verdades". E o quarto ponto — "falar corretamente, pensar corretamente etc." — é o caminho óctuplo, ou seja, se desdobra em oito pontos de comportamento. Quando o budismo nasce, ele já está diretamente ligado à ética. Está extremamente preocupado com a ética e considera "pecado" tudo aquilo que fazemos e que afeta negativamente outras pessoas. Vai pesar no carma e disso ninguém escapa. Um importante preceito budista é: não é preciso fazer o bem, apenas pare de fazer o mal. Por exemplo: quando vou brecar o carro, antes de pisar no breque eu tiro o pé do acelerador. Tirar o pé do acelerador é o primeiro passo; o segundo é brecar o carro. Em outras palavras: pare de fazer o mal às pessoas e depois você pode começar a fazer o bem. Se você não puder fazer o bem, pelo menos não faça o mal.

Assim, o budismo já nasce com essas concepções fundamentalmente éticas e se difunde basicamente sobre elas. Não há mandamento do tipo "pode, não pode". E mais: não há noção de pecado. Ou seja, as pessoas não são punidas materialmente porque agiram desta ou daquela forma; as pessoas são punidas porque toda vez que provoco um ato, vai haver uma reação. Mais cedo ou mais tarde alguma coisa vai aparecer como reação a meu ato. É o que os budistas chamam de lei do carma. Não é possível haver uma ação sem que haja imediatamente, ou mais tarde, uma reação. Ficamos a vida inteira brigando, fazendo e recebendo de volta. Assim não aquietamos nosso espírito, não aquietamos nossa mente, e não conseguimos enxergar esta realidade última que é aquilo que os budistas chamam de Nirvana. Que não é um paraíso e também não é um prêmio por nosso comportamento aqui na Terra.

FREI BETTO: É interessante observar que os Dez Mandamentos são, em geral, pela negativa. "Não faça isso, não faça aquilo..." Na verdade são preceitos para facilitar a convivência tribal dos hebreus. Jesus virou a página. Em nenhum momento, no Evangelho, Jesus enfatizou os Dez Mandamentos. Ele preferiu a via positiva das bem-aventuranças: "Feliz quem tem espírito de pobre"; "Feliz quem promove a paz"; "Feliz quem é perseguido por lutar pela justiça"; "Feliz quem tem fome e sede de justiça". Jesus reduziu tudo ao amor. Havia um preceito rabínico: "Nunca faça ao outro o que você não gostaria que fizessem a você". Jesus inverteu isso: "O que esperam que os homens façam a vocês, façam também a eles; nisto se resumem a Lei e os profetas" (Evangelho segundo Mateus cap. 7, v. 12). Isso é amor. Para Jesus, amor não era um sentimento, era uma atitude. E essa atitude supõe dois atributos, veracidade e justiça. Por isso, quando Jesus é chamado para dialogar com o governador Herodes Antipas, rejeita a proposta, xinga o governador de "raposa". Alguém poderia objetar:

"Então Jesus foi contraditório, pois, fosse ele mineiro e, segundo o amor, deveria dizer 'Sim, vou lá dialogar'. Ora, Jesus destacou algo revolucionário, que não figura em outras tradições religiosas: amar o inimigo. O que significa isso? Não é passar panos quentes no inimigo, é enfrentá-lo, para o bem dele. Fazer com que o opressor deixe de ser opressor. Isso fará bem a ele e às pessoas que ele oprime, pois deixarão de ser oprimidas. Portanto, lutar contra a opressão é um ato de amor. Quando Jesus derrubou a mesa dos cambistas do Templo, foi um ato de violência, não há dúvida. Mas por amor, um gesto de amor. Às vezes, o amor chega às raias de uma atitude agressiva. Para mostrar que a casa de Deus não pode ser profanada, Jesus não chicoteou os cambistas, chicoteou as mesas, derrubou-as; não agrediu fisicamente nenhum cambista.

Hoje ocorre, com muita frequência, a mercantilização da religião. Há padres e pastores anunciando que Jesus é o caminho, mas eles fazem questão de cobrar o pedágio... Isso é a negação de tudo o que Jesus pregou. Por isso considero muito positivo você, Heródoto, falar de ética e sabedoria budistas, comparando a um gesto muito simples: amor. Muitos cristãos têm dificuldade de entender que a pessoa que ama, ainda que não creia, que rejeite totalmente a ideia de Deus, vive na linha do que Deus quer. A 1ª Carta de João, no Novo Testamento, diz: "Quem ama, conhece a Deus" (cap. 4 v. 7), e não "Quem conhece a Deus, ama". Quantos creem em Deus e não amam! Toda atitude amorosa, como querer que o outro chegue à verdade e à justiça, é uma experiência de Deus, ainda que quem pratique isso não tenha fé religiosa. Quando estava preso, fiquei durante muito tempo cercado de comunistas ateus por todos os lados. E os comunistas brasileiros, como no mundo inteiro, professavam o "ateísmo científico". Eu dizia a velhos comunistas, como Diógenes de Arruda Câmara: "Vocês estavam equivocados. Em um país visceralmente religioso como o Brasil, exigirem que o sujeito, para entrar no partido, preenchesse uma ficha declarando-se ateu! Quantos militantes vocês perderam por essa besteira?". Fiz a mesma crítica a Fidel, quando o conheci, em 1980. Questionei-o, perguntei por que o Partido Comunista era confessional. Ele levou o maior susto: "Como, confessional? Somos ateus". E retruquei: "Comandante, negar ou afirmar a existência de Deus é mera confessionalidade". Ele admitiu que nunca tinha pensado nisso. E a modernidade exige partidos e Estados laicos. Alguns anos depois, o Partido Comunista de Cuba acabou com essa exigência. Hoje, o Partido Comunista de Cuba é laico, bem como o Estado. Houve uma mudança no estatuto do partido e na Constituição cubana.

Tudo isso para reafirmar que, na linha da proposta de Jesus, todo ato de amor é um ato divino. Não importa se praticado ou não em nome de religião. Basta ser um ato de amor. Empenhar-se pelo bem do outro. E o bem mais radical é ser capaz de fazer o bem a quem lhe faz ou quer o mal. Realmente não é fácil, estamos a mil anos luz de distância de um processo civilizatório que leve a isso. Eis um desafio muito difícil.

HERÓDOTO: Curiosamente, nos ensinamentos de Buda, não só do período que ele viveu, mas posterior a isso, em nenhum momento buscou-se um embate com o Estado. Pelo que estou entendendo do que você diz, houve um embate [de Jesus] com o Estado, tendo de um lado o Estado romano e a elite judaica.

FREI BETTO: Exatamente.

HERÓDOTO: No caso do budismo, não houve um embate com o Estado porque o mundo do Nirvana não é um mundo de conflito, ele é um mundo que está além dos conflitos, além do bem e do mal. Então ninguém poderia perseguir os budistas porque fossem contra a lei, porque fossem contra o Estado. A ideia de que todos os seres humanos são iguais irritou as classes dominantes. As perseguições contra o budismo só se iniciaram a partir do momento em que Buda começa a dizer que as pessoas são iguais; numa sociedade de castas, como disse antes, se você defender a igualdade entre as pessoas, está desmontando a estrutura política, a estrutura social. Mas em nenhum momento o budismo assume essa postura política ao longo da história. Mesmo durante o período mais recente, os budistas não assumiram essa posição. Alguns países budistas se tornaram socialistas, como você sabe. Eu mesmo estive recentemente em Myanmar; ainda é evidente a herança do período de dominação comunista. Quando Lenin tomou o poder em 1917, mandou fechar todas as igrejas, menos as budistas, porque também para ele o budismo era intrinsecamente ateu; sendo ateu, poderia continuar com sua prática, e assim foi reduzido apenas a um comportamento, um modo de vida. Lenin entendeu dessa forma. Em algumas regiões do mundo, como no Tibete, os budistas se tornaram oligarquias poderosíssimas, se instituíram como forma de Estado teocrático, proprietários de terra, senhores feudais, donos de latifúndios, situação que perdurou até 1959, quando os chineses disseram basta. Era época da Guerra Fria, então o Dalai-Lama passou a ser um pobre coitado que foi expulso pelos comunistas etc. Mas o mundo ocidental não percebeu o budismo como uma instituição de ordem medieval, em que se utilizavam seus preceitos para implantar uma sociedade desigual, desumana, em que o poder ficava na mão de poucas pessoas. Isso está em desacordo com o desenvolvimento do próprio budismo. São distorções que ocorreram, e as cito para que saibam que existiram.

FREI BETTO: Sim, todas as religiões ou tradições espirituais sofreram graves distorções. Com o lançamento de meu livro *Paraíso perdido — viagens pelos países socialistas*, as pessoas têm me perguntado em debates se ainda acredito no socialismo. Respondo: Não é por causa da Inquisição que deixo de acreditar na Igreja, pois acredito no fundamento da Igreja, que é a proposta de Jesus. Também não é porque o Muro de Berlim ruiu que deixo de acreditar na proposta do socialismo. Continuo convencido de que a humanidade não tem futuro fora da partilha dos bens da Terra e dos frutos do trabalho humano. É uma questão simples: estamos em uma nave espacial chamada planeta Terra, que tem recursos limitados. E somos hoje 7,2 bilhões de habitantes. Ou partilhamos esses recursos e bens, ou vamos para a barbárie. Mesmo que se descobrissem fontes extraterrestres de abastecimento, hoje elas seriam privatizadas por quem chegasse lá primeiro. Portanto, não temos saída. Ou partilhamos ou apressamos o apocalipse.

Vivo em uma microssociedade socialista, que é o convento no qual moro. Nossos bens são partilhados, inclusive nossos ganhos. Sou aquele que mais ganha, portanto, meu dever é ser aquele que também mais contribui. Isso me faz muito feliz.

HERÓDOTO: Então vamos dar mais um passo no que dissemos sobre a morte. Outra questão bastante interessante desenvolvida pelo Sidarta, pelo Buda, foi a explicação sobre a morte. A morte ocupa, dentro do budismo, uma importância extraordinária. Não que os budistas sejam necrófilos — não são —, mas, digo, a decisão de encarar a morte não é deixada apenas para os últimos anos de vida, ou quando se está muito doente, na cama de um hospital, porque nesse momento você está diante da morte e não tem outra alternativa a não ser enfrentá-la. Há um ensinamento de Buda que tem grande ligação com o cotidiano e com o tema da morte: "Nem no céu, nem no meio do oceano, nem nas fendas da montanha, não há lugar algum no mundo onde possamos nos libertar dos resultados das más ações ou escapar da morte".

Os budistas, quando meditam, entre tantos temas, meditam a respeito da própria morte. Não é fácil meditar sobre isso, mesmo sendo jovem, porque ela significa se separar de tudo aquilo de que se gosta: a família, a casa, o cachorro...

FREI BETTO: Da conta bancária...

HERÓDOTO: Do Corinthians — como vou ficar sem o Corinthians?, enfim. Mas os budistas precisam, ao longo do tempo e de sua meditação, entender o seguinte: temos que abrir mão de tudo. Enquanto eu não abrir mão de tudo, não sou capaz de morrer tranquilamente. Acreditamos que quanto mais nos agarramos às coisas do mundo material, mais difícil será a morte. Inclusive, quanto mais se prolonga a vida artificialmente, agarrando-se a ela de forma antinatural, com tubos etc., mais difícil é a passagem. No mundo contemporâneo, não aceitamos a ideia da morte. Aceitamos a ideia da prorrogação da vida. Mas vamos morrer... Buda disse: "Observa este corpo, totalmente desgastado, frágil, um ninho de doenças. Essa pasta putrefata desintegra-se porque a morte é o fim da vida". São palavras duras, mas reais. Contudo, a doutrina, o dharma, o bem, não envelhecem. O homem de pouca educação envelhece como um touro: cresce apenas fisicamente, mas sua sabedoria não se desenvolve.

FREI BETTO: Heródoto, morrer virou falta de educação. É antissocial. Antigamente, veja bem, quando eu era criança em Minas, havia choro, vela e fita amarela. Tinha velório, enterro, luto, até proclama afixado nos postes, e missas de sétimo dia, trigésimo dia, um ano, ou seja, se fazia o ritual de passagem. Hoje em dia, tira-se o falecido pela porta dos fundos da casa ou do hospital, faz-se rápida passagem pela sala de velório do cemitério, e logo se incinera ou enterra, e não se fala mais no assunto. Então começa a briga pela herança, no caso de quem tem bens.

Tudo isso é resultado do neoliberalismo capitalista. Porque, assim como no período medieval o paradigma foi a religião e no período moderno, a razão, agora, na pós-modernidade, corremos o sério risco de ter como paradigma o mercado, a mercantilização de todas as dimensões da natureza e da vida. A morte, como é antimercado, passou a ser algo absolutamente inaceitável.

No passado, o conceito de ser criança ia até onze anos; adolescente, de onze a dezoito; jovem de dezoito a trinta; adulto de trinta a cinquenta; e velho, de cinquenta em diante. Ironizo que, hoje, criança é de zero a dezoito anos; adolescente, de dezoito a quarenta, aquela fase em que não se sabe bem se fica ou não na casa dos pais, que profissão abraçar, se prefere "ficar" a casar, e se casa, logo descasa. E após os quarenta anos — sessenta, setenta, noventa — todo mundo é jovem. Já não se usa a palavra "velho". Meu pai dizia "Filho, levanta para dar lugar aos mais velhos". E os mais velhos não se sentiam ofendidos. Agora inventam eufemismos: "terceira idade", "melhor idade"... Ora, a melhor idade era quando eu tinha vinte, trinta anos. Outro dia, vi uma van cheia de velhinhos, e estava escrito na lataria: "Aqui vai a turma da dign/idade". No banco ou no aeroporto, pergunto: "Onde é a fila dos seminovos?". Porque, nas revendedoras, os carros são velhos, mas todos são anunciados como "seminovos".

O eufemismo mais correto é qualificar, quem passou dos 65, de "turma da eterna idade", já que estamos mais próximos dela.

Fiz um livro, para crianças, sobre a morte: *Começo, meio e fim*. É um erro não levar criança ao velório de uma pessoa por quem ela tem estima e afeto. Meu primeiro contato com a morte foi quando faleceu minha tia Diva. Eu tinha uns quatro anos. O velório foi na sala da casa do meu avô. Ela morreu jovem, de pneumonia. Subi em um banquinho para ver dentro do caixão o que todos estavam olhando. Isso me fez bem. Tenho amigos que não foram levados ao velório dos pais, mortos em acidente aéreo, e ficou um buraco no peito. Tiveram que fazer terapia. Um deles me disse: "A sensação que guardo é que meus pais foram abduzidos". É muito importante o que você falou, Heródoto, sobre o modo como o budismo encara a questão da morte. Quanto mais encaramos com tranquilidade a morte, mais damos valor à vida.

HERÓDOTO: Existe um preceito budista interessante, que está no *Dhammapada* — a reunião das frases atribuídas ao Buda — em que ele diz o seguinte: "Nem no céu, nem no mar, nem no meio do oceano, nem entrando nas fendas da montanha, não há lugar algum no mundo em que se possa escapar da morte". Essa afirmação me lembra aquela imagem de já termos uma bomba-relógio pendurada no pescoço assim que nascemos. Pode ser detonada dali a cinquenta, setenta, noventa anos, mas uma hora ela será detonada.

FREI BETTO: Há quem acredite que pode ser exceção se entrar para a Academia Brasileira de Letras...

HERÓDOTO: Bem, eu não tenho a menor chance. Mas sempre digo a mim mesmo: temos que meditar sobre a morte, temos que entender a morte, porque não há outra alternativa. Temos que estar preparados para isso. Contei aqui, na nossa conversa, que quando Buda deitou para morrer, aos oitenta anos, seu principal discípulo, Ananda, começou a chorar. E Buda disse "Você não aprendeu nada comigo?". Foi como se dissesse: "Não é para você chorar porque estou morrendo. Você vai morrer e todos vão morrer". Temos que entender a morte como um ciclo. Para o budismo, a vida é um fluxo que não tem começo, não tem meio e não tem fim. Nascimento e morte são acidentes ao longo desse fluxo. Choramos para nascer e depois choramos para morrer. Primeiro não queremos vir e depois não queremos ir embora. E há ainda outra questão: onde estávamos antes de nascer? Não é uma boa pergunta? Onde estava Jesus antes de nascer? Onde estava Buda antes de nascer? Curiosamente o budismo não é criacionista, não se contrapõe à ciência. Pelo contrário: entende que o objeto da ciência é a felicidade humana, assim como a religião tem a responsabilidade de prover a salvação da humanidade. A ciência e a religião juntas fazem a vida mais feliz, liberam o homem e fazem dele um ser verdadeiramente livre. Quanto mais nos aprofundamos na ciência, mais nos tornamos religiosos.

FREI BETTO: Na minha concepção, viemos da evolução da natureza. Somos todos frutos de 13,7 bilhões de anos de evolução da natureza. Digo às minha amigas, se vocês não gostam de falar a idade quando perguntadas, digam sem mentir: "Tenho 13,7 bilhões de anos". É o tempo entre o Big Bang e os dias atuais. Houve um processo de aglutinação das partículas subatômicas e atômicas, que resultou nas vidas mineral, vegetal e animal. Tenho no meu organismo, como você, Heródoto, átomos que foram de crustáceos, dinossauros, porque na natureza, como dizia Lavoisier, "nada se perde, tudo se transforma". Somos, todos os seres humanos, o Universo em sua autoconsciência. O Universo tem vida, mas não tinha consciência de que tinha vida. Agora, com o cérebro humano, ele sabe que sabe. Graças à nossa consciência, o Universo pode se olhar no espelho e descobrir que é belo. Daí o nome que os gregos deram a ele, "cosmos", que significa harmonia, beleza, em oposição a "caos", e dá origem à palavra cosmético, "aquilo que imprime beleza". Os animais, como os dinossauros, olhavam a natureza sem a menor consciência do belo. Estavam presos a seus atavismos.

HERÓDOTO: O budismo traz uma curiosidade que talvez até se aproxime do cristianismo — você me dirá: como a vida é um fluxo contínuo, sem começo, meio e fim, existe um determinado momento em que nós não teremos mais a nossa forma atual. Que momento é esse? É o momento da iluminação. Portanto, se iluminar é fugir do ciclo do nascimento, crescimento, desenvolvimento e morte. Se não me ilumino, fico preso a esse ciclo que os budistas chamam de samsara, ou seja, o cotidiano, com todas as suas implicações. O que os budistas fazem? Tentam se iluminar. Tentam frear essa roda, a roda do nascimento, crescimento, decrepitude e morte. Quando o budista se ilumina, passa a estar fora do ciclo, não volta mais à forma do ser humano.

FREI BETTO: Embora continue aqui, vivo?

HERÓDOTO: Buda continuou vivo depois da iluminação, viveu e ensinou a outros seres como podiam seguir o mesmo caminho. Não é preciso morrer para se iluminar. A iluminação só é possível em vida. Buda nos ensinou que longa é a noite para aquele que não dorme; longa é a légua para o fatigado. Longa é a existência mundana para os tolos que não conhecem a verdade sublime, o dharma.

FREI BETTO: Suponhamos que um budista, em seu mosteiro, chegue ao momento da iluminação. Ele então se dissolve?...

HERÓDOTO: Não; aliás, um detalhe: se um budista disser a você que é um iluminado, dê-lhe um tapa na cara. Ninguém pode dizer a outro que é um iluminado. Isso é percebido por seus atos, pela ética, pelo exemplo que deixa para os demais. Creio que Jesus era um iluminado mesmo antes de morrer. Os ensinamentos de Buda estavam voltados para se evitar todo o mal, para cultivar o bem e purificar a mente. Esses são os ensinamentos de todos os budas, todos os iluminados — no plural, uma vez que Sidarta não foi o único a se iluminar.

FREI BETTO: Entendi. Não é preciso morrer.

HERÓDOTO: Sim, mas a partir do momento que ele morre fisicamente, seu exemplo permanece na doutrina. Diz ainda o *Dhammapada*: "Difícil de encontrar é o homem desperto, iluminado. Ele não nasce em qualquer lugar. Onde nasce homem tão sábio, a comunidade prospera feliz".

FREI BETTO: Guimarães Rosa diz que "a morte é o sobrevir de Deus, entornadamente". Tenho um ego, e a vida é a ocasião para eu desfazer esse novelo chamado ego. Cada um de nós carrega um novelo, de diferentes tamanhos. Ou cada um de nós merece um tempo para desfazê-lo quanto possível. Acho que um Francisco de Assis desfez tudo. Morreu de peito limpo. Eu não; meu novelo ainda está enroscado, difícil, às vezes tiro um pouquinho, volta a ponta, repuxa, enrola de novo, enfim, é complicado, porque estou cheio de egoísmos, apegos etc. Mas tem uma hora em que Deus sobrevém com o seu tesourão e corta tudo. Isso é o que nós, do lado de cá, chamamos de morte. Nunca uso, em liturgias fúnebres, a palavra morte, prefiro transvivenciação. Nesse momento, encontramos o nosso verdadeiro eu. Santo Tomás dizia: "Quando vou ao encontro de mim mesmo" — eu digo, quando medito — "encontro um eu, que não sou eu, mas que, no entanto, funda o meu verdadeiro eu". Para mim, isso é iluminação. Portanto, quando morro fisicamente, mergulho nisso que, metaforicamente, chamamos de céu, de amor de Deus, de mar infinito etc. Ninguém veio do outro lado da vida para contar como é, mas não tenho nenhuma razão para supor que Jesus inventou ou mentiu, nem para desacreditar no que disse Paulo, o apóstolo, que não conviveu com Jesus. Ele afirmou, na 2ª Carta aos Coríntios (cap. 12, vv. 2 a 4), que foi arrebatado ao terceiro céu. Penso que Paulo teve uma exaltação mística.

Acredito que, nesta vida, não há experiência mais feliz do que a mística. Há um princípio tomista, que Santo Tomás aprendeu com Aristóteles, que não pode ser refutado: "Em tudo que o ser humano faz, mesmo quando pratica o mal, ele procura a própria felicidade". O problema consiste em saber onde está a felicidade. A meu ver, a felicidade está no coração humano. Traduzo isso na parábola da velhinha na feira de Calcutá. Há naquela cidade indiana uma feira livre permanente, muito suja, com centenas de barracas. A velhinha olhava para o chão. Se alguém parar na avenida Paulista e olhar fixamente para o chão, pode ter certeza de que várias pessoas farão o mesmo, achando que o objeto perdido é dinheiro ou uma joia. Isso é mimético. Então, um rapaz, cansado de vasculhar o chão com seu olhar, perguntou: "A senhora procura o quê?". Ela disse: "Procuro uma agulha". E ele: "A senhora é maluca! Tem quinhentas barracas aqui que vendem todo tipo de agulhas, desde agulha para fazer roupas de bonecas, até agulha para cozer tenda de mercador. E a senhora procurando uma aqui nesse chão imundo!". As pessoas começavam a se dispersar, quando a velhinha disse: "Mas é uma agulha de ouro". Aí todos voltaram a procurar. Quem sabe era uma agulha de crochê, daquelas bem grandes, de ouro 24 quilates. Lá pelas tantas, o mesmo rapaz indagou: "A senhora não tem ideia do lugar onde perdeu a agulha?". Ela disse: "Tenho, a cinco quadras daqui, na minha casa". Ele ficou indignado: "A senhora é maluca! Perdeu na sua casa e procura aqui na feira?". A velhinha concluiu: "Exatamente como vocês fazem com a felicidade. Ela está dentro, e vocês a procuram fora".

E nada faz uma pessoa mais feliz do que o estado de paixão amorosa. Quando ela fica apaixonada, muda a relação com o tempo, nada mais tem importância a não ser o objeto de sua paixão. A pessoa dorme, não dorme, come, não come, é uma exaltação fantástica, porque a paixão muda a química do cérebro, e é isso que as religiões chamam de mística. A única diferença é que, na paixão humana, o objeto está fora; e na espiritual, está dentro.

HERÓDOTO: Já que você tocou nessa questão: o budismo vê o amor romântico como fonte de sofrimento, causado pelo apego.

FREI BETTO: Sim, pode ocorrer na relação com o outro, mas quando você fala em iluminação, pressuponho ser o que a gente sente quando atinge o ápice da meditação: se sentir totalmente possuído por alguém ou alguma coisa, e não adianta a cabeça querer explicar...

HERÓDOTO: Dentre as religiões contemporâneas, a única que tem um viés sexual é o budismo. De certa forma, isso é uma herança do hinduísmo. Se pensarmos no budismo tibetano, ou no budismo tântrico, vemos que está diretamente ligado à satisfação sexual. As estátuas chamadas de *yab yun* são imagens de homens e mulheres transando — e estão dentro dos templos. O sexo religioso é uma das práticas tibetanas, não existe em outros lugares. Mas a princípio chocou os religiosos ocidentais: como pode uma coisa dessas ser sagrada e estar dentro de uma igreja?

O budismo herdou do hinduísmo a ideia de que a força sexual é a maior do Universo, a maior de todas, uma vez que só ela é capaz de criar alguma coisa; não há nenhum outro impulso que faça o mesmo — estamos falando de seres humanos, animais, plantas. No budismo tibetano, o pensamento é este: a força sexual pode, do nada, criar um ser.

FREI BETTO: A primeira imagem de Deus que aparece na Bíblia ou na Torá é o Deus da fertilidade. A grande promessa a Abraão era uma descendência tão múltipla quanto as estrelas do céu e as areias das praias do mar... Isso tem a ver com os deuses do mundo politeísta antigo, inclusive no templo de Baal havia rituais de sexualidade, jovens destinadas aos templos para serem fecundadas em ritual litúrgico.

Para mim, iluminação é estar totalmente possuído pelo amor. Alguns místicos experimentaram um ápice tão amoroso, como João da Cruz, que admitiu não encontrar palavras para exprimir o que sentia. Por isso, escreveu apenas quatro livros e parou. Santo Tomás de Aquino reconheceu no fim da vida: "Tudo que escrevi é palha". Atingira um estado místico tão profundo que, comparado à sua teologia, seria como quem bebeu água após conhecer a fórmula química da água. João da Cruz tem um verso que reflete bem essa experiência mística de iluminação, acho que tanto para o budista, quanto para o cristão: "Ó noite que juntaste/ amado com amada,/ amada já no amado transformada".

A experiência mística ou de iluminação é a mesma para qualquer pessoa. A química do cérebro sofre a mesma mutação. Mas como você disse, Heródoto, não é fácil chegar lá. Por quê? Porque supõe a morte em vida, o desapego total. Esse caminho não é fácil. É o caminho de Sísifo até chegar ao alto da montanha com a pedra... Aliás, não há montanha no sentido budista nem no sentido cristão, embora haja muita figuração de subida, monte, montanha dos sete patamares etc. Prefiro ficar com o que Jesus ensinou: apenas abrir-se ao amor de Deus e deixar que se derrame em nós.

HERÓDOTO: No budismo, não há a concepção de alma. Não há alma nem ego. Nada tem existência permanente, nem a alma. Quando se morre, o que transmigra não é a alma. Dizer que ela não existe é talvez algo muito diferente do que pregam as religiões monoteístas. No budismo não existe alma, nem mesmo na concepção kardecista. Aliás, o kardecismo tem certa influência oriental — como a ideia de carma, por exemplo. No *Dhammapada* não se faz referência sobre alma.

Se não há alma, o que há? Apenas uma energia que está aglutinada naquilo que chamamos de carma. Portanto, o que renasce não é a alma, não é a personalidade, são também os atos praticados. Nele estão gravadas as coisas, como se fosse um DNA; esse DNA vem do passado, das coisas que fizemos antes. Desse modo, quando me torno um ser humano, devo agradecer aos meus pais, não só porque me educaram, porque foram carinhosos, como também porque me deram a oportunidade de mais uma vez estar aqui, eu e meu carma. Somos um. Eles me deram a forma humana. Você pode questionar: isso é um determinismo? Se você já nasce com um DNA, está marcado pelo destino. Mas o ensinamento de Buda diz o seguinte: você é dono do seu DNA, é dono do seu destino, isto é, mudamos se quisermos. Buda ensina o caminho, mas não nos leva até lá; ensina atitudes pautadas pela ética, mas não vai te obrigar a nada; diz que a maior aberração que se pode cometer é matar um ser humano, mas não vai impedir que se mate. A decisão é sua, é de cada um. Podemos viver livres de ódio em meio à hostilidade.

FREI BETTO: O livre-arbítrio.

HERÓDOTO: Sim, o livre-arbítrio, mas se trata de uma responsabilidade à qual o ser humano responde não apenas indo a um tribunal; a consequência real é uma mancha em seu carma. No budismo não há uma deidade que julga o que fizemos nesta ou em outras vidas. Somos os juízes de nós mesmos, uma vez que nossas ações são responsáveis pela qualidade de nosso carma. *Baddekaratta*, isto é, "faça com todo o seu coração o que é preciso fazer hoje, porque não se sabe se a morte virá amanhã".

FREI BETTO: Do ponto de vista cristão, não existe reencarnação. No tempo de Jesus se acreditava. Tanto que quando Jesus perguntou aos discípulos: "Os homens dizem que eu sou quem?". Eles responderam: "João Batista; outros, Elias; outros ainda, um dos profetas" (Evangelho segundo Marcos cap. 8, vv. 27 a 30). Havia a ideia de reencarnação na Palestina contemporânea de Jesus. Mas a concepção que predominou historicamente na teologia cristã foi a agostiniana. Santo Agostinho era discípulo de Platão, admitia a divisão entre corpo e espírito. Daí aquela concepção de alma, algo que temos dentro e, quando morremos, se desprende do corpo e vai para a vida eterna... Essa dualidade corpo *versus* espírito não consta da Bíblia. A cultura semita, e o próprio Jesus, encarava corpo e espírito como unidade indivisível. Graças à biologia e física modernas, a ciência comprova que não há separação entre corpo e espírito. Toda matéria é energia condensada.

HERÓDOTO: O budismo pensa assim.

FREI BETTO: Sim, o budismo intuiu isso séculos atrás, como o autor do Gênesis, ao descrever a Criação em seis dias, intuiu o que a ciência só descobriria no século XIX, o evolucionismo. O primeiro capítulo do Gênesis diz que houve um primeiro dia, um segundo dia... Os gregos olhavam para os hebreus e pensavam: "Esse Javé é um Deus incompetente. Precisou de seis dias para criar o mundo. Se fosse mesmo Deus, seria onipotente, e teria criado o mundo como Nescafé, instantâneo". O que os gregos não perceberam é que, no relato do Gênesis, há uma dimensão de historicidade, de evolucionismo. Millôr dizia: "A intuição é uma ciência que não foi à escola".

Portanto, a alma, a alma do Betto, como a do Heródoto, está no cabelo que caiu quando nos penteamos esta manhã, na unha que cortamos etc. E esse corpo que tenho hoje não é o mesmo de dez anos atrás. É apenas a mesma a gramática celular, o desenho fisionômico arquitetado pelo DNA. Porém, todas as células foram renovadas. Assim, quando morremos, cessa essa gramática daqui, e nossa totalidade emerge para outra dimensão. Como é isso, não sei. Mas tenho fé.

HERÓDOTO: De qualquer forma é interessante isso que você diz; vai ao encontro do que pensa o budismo: que não há separação entre alma e corpo... Em outras palavras: todas as coisas são dependentes umas das outras e nada pode existir de forma independente. O budismo é monista.

FREI BETTO: O budismo intuiu isso. E a ciência só agora, no século XX, descobriu que toda matéria é energia condensada. Veja o Sistema Solar. Uma estrela é uma bomba de hidrogênio. Quando morre, estufa e explode. Ao explodir, produz um núcleo com tanta energia que vira uma nova estrela, como o nosso Sol, que tem combustível para 10 bilhões de anos, e já consumiu a metade... Vamos nos cuidar, porque agora só resta a outra metade! Os demais estilhaços espalhados pela explosão perdem calor e viram planetas, que é o caso da Terra. Portanto, aquilo que era uma bola de hidrogênio à medida que resfria vira matéria sólida. O melhor exemplo é o que se demonstra nas escolas: a água é líquida; ao gelar, vira pedra, gelo; ao ferver, transforma-se em gás. Tudo no Universo é assim, transmutável.

FREI BETTO: Você escreveu: "O budismo não aceita a existência de uma alma que encarna em um novo corpo, como em outras religiões. Acredita no fluxo de consciência que se transfere de um nascimento para o seguinte". Qual a diferença entre alma e esse fluxo de consciência? Ou será que estamos falando da mesma coisa, mas com palavras diferentes?

HERÓDOTO: É isso que distingue o budismo do kardecismo. No kardecismo há uma alma; essa alma tem personalidade, tem nome, tem contextualização social. Para o budismo não; só existe essa força que chamamos de consciência — o carma —, que transmigra para novos nascimentos. De acordo com a teoria cármica, como indivíduos, somos responsáveis por nossas ações. O sofrimento e as injustiças no mundo atingem pessoas inocentes, que sofrem mazelas mentais e físicas, ou vivem na miséria. Isso pode ser devidamente explicado pela teoria cármica, sem apelar para nenhum tipo de solução teológica. Buda não apresentou a teoria do renascimento de maneira dogmática, mas como uma aposta moral.

HERÓDOTO: Outra coisa interessante é que, entre os grandes líderes religiosos que conhecemos, Buda teve uma morte comum, como qualquer outro ser humano. A diferença é que não sofreu porque não estava mais agarrado ao que quer que seja. Estava livre.

FREI BETTO: Você disse que ele intuiu a morte. Isso ocorre com alguns índios e sábios... Aconteceu em minha comunidade. Frei Barruel, francês radicado no Brasil desde a década de 1940, em novembro de 2014, aos 96 anos e sem problemas aparentes de saúde, falou no almoço: "Dentro de quatro meses vou partir". Um frade perguntou se ele iria à França, visitar a família. Respondeu "não", e apontou para a cima... Dez dias antes de completar os quatro meses, ele faleceu. Havia intuído. E é o que deve ter acontecido com Buda.

HERÓDOTO: Sim, Buda intuiu a morte aos oitenta anos, mas em comparação com outros líderes religiosos ele não teve uma morte, digamos, grandiosa, como foi o caso de Cristo. Outros ascenderam ao céu, como Maomé, que montou em um burro branco em Halachá, em Jerusalém, e dali foi para o céu; portanto, ele não morreu. Quanto a Moisés, não sei exatamente qual foi a destinação dele, se também foi elevado ao céu.

FREI BETTO: Parece que Maomé morreu no ano 632, em Medina, por envenenamento.

HERÓDOTO: Mas eu pergunto: para o cristianismo, onde fica a alma?

FREI BETTO: Na minha concepção cristã, fora do tempo não cabe esse tipo de pergunta. Lugar é algo próprio da temporalidade. É como as perguntas do amor. Por que João ama Maria, se há tantas mulheres mais bonitas que Maria? Ou vice-versa. Não tem resposta, não tem ciência que responda isso. É a mesma coisa quando a gente transvivencia. Como diz Shakespeare no fim de *Hamlet*: "O resto é silêncio".

HERÓDOTO: Voltando a falar de política, agora de forma mais contemporânea, gostaria de tocar em um assunto específico: não existe, que eu saiba, nenhum deputado budista no Congresso Nacional. Existe a bancada evangélica, a bancada católica, talvez haja uma bancada judaica, não sei, mas não existe nenhum budista lá, uma bancada com o pessoal de cabelo raspado, mantos vermelhos etc. Aí surgem questões em que não sabemos se estamos falando de religião ou de comportamentos sociais e ciência. Dou exemplos: células-tronco, casamento de pessoas do mesmo sexo, casamentos poligâmicos. Aliás, estive no Butão e lá me mostraram a figura do rei ainda jovem e da esposa dele. Disseram-me que esse rei é monogâmico. Então perguntei: "Os reis não são todos monogâmicos?". E me responderam que não, que lá existe a poligamia; que o outro rei tinha várias mulheres, que existe uma poligamia generalizada, existe até mesmo a poliandria.

FREI BETTO: Poliandria é quando a mulher tem vários maridos.

HERÓDOTO: Eu nunca tinha ouvido falar. E a pessoa que me explicou como isso funciona no Butão falou tudo com a maior naturalidade. Mas o budismo não se envolve nesse tipo de discussão, porque são questões consideradas de foro íntimo, como o aborto. Sendo assim, as pessoas têm que decidir por si mesmas e responder lá para o seu carma, se provocaram ou não um mal, um dano, seja a quem for. Sabemos que esse modo de pensar se contrapõe às ideias das bancadas religiosas que têm representação no Congresso, que querem impor uma certa lei religiosa a todos, mesmo àqueles que não professam religião. Não há uma bancada budista no congresso, e mesmo que houvesse, não proporia nenhuma lei que invadisse a intimidade e o livre-arbítrio de cada um. Não imporia a exposição de seus símbolos religiosos no Supremo Tribunal ou em qualquer outro prédio público.

FREI BETTO: Você tocou em um ponto interessante. Vamos ver se interpretei bem. O budismo não tem um projeto político social, mas tem um projeto pessoal que se irradia para o social. Mas não que ele queira administrar isso social e politicamente. Correto?

HERÓDOTO: Correto.

FREI BETTO: No cristianismo existem diferenças. Quando os hebreus saíram do Egito e invadiram Canaã, onde hoje fica Israel, havia um projeto político-social. Inclusive na maneira de organizar a vida cotidiana. Por exemplo: os judeus ortodoxos até hoje não comem carne de porco. Por quê? Porque no deserto não havia madeira para servir de lenha e era arriscadíssimo comer carne de porco; não tinha como cozinhar aquilo devidamente. Então Moisés estabeleceu esse preceito sábio. Muitos preceitos adequados a uma determinada época acabaram virando perenes.

Na época de Jesus não havia diferença entre política e religião. Quem tinha o poder político, tinha o poder religioso e vice-versa. Quando me perguntam por que me meto em política, digo: "Porque sou discípulo de um prisioneiro político". Que eu saiba, Jesus não morreu nem de hepatite na cama, nem de desastre de camelo em uma rua de Jerusalém. Morreu exatamente como Vladimir Herzog — preso, torturado, julgado por dois poderes políticos, e condenado à pena de morte dos romanos, que era a cruz. Portanto, a pergunta é outra: que qualidade de fé temos, se não questionamos essa desordem estabelecida? Por que Jesus foi cruelmente assassinado na cruz? Porque foi considerado subversivo. E por que foi considerado subversivo? Alguém piedoso diria hoje: "Coitado, pregava a espiritualidade, o amor de Deus...". Porque dentro do reino de César, anunciar o Reino de Deus era o mesmo que, hoje, dentro do capitalismo, pregar outro mundo possível ou o socialismo. Como eu já disse, Jesus não veio fundar uma Igreja ou uma religião. Veio trazer a inspiração para um novo projeto civilizatório, baseado fundamentalmente na justiça e no amor. É isso que ele veio propor, e que está consubstanciado na expressão "Reino de Deus". O Reino de Deus não era algo apenas lá em cima, após esta vida, era sobretudo algo lá na frente, um novo futuro histórico. Ou seja, criar novos tipos de relações humanas, baseadas na partilha, no amor, na compaixão, no perdão, na defesa dos direitos dos pobres e dos doentes — assim todos seremos felizes. Daí seu conflito com a religião predominante na época dele, porque era uma religião, não do justo e injusto, mas do puro e impuro, que acreditava que, por exemplo, se alguém estava doente a causa era o pecado. Ou os conflitos dele com os romanos, que extorquiam os camponeses. Me irrita escutar a interpretação corrente de "Dai a César o que é de César, e a Deus o que é de Deus" (Evangelho segundo Mateus, cap. 22, v. 21), como se a vida espiritual nada tivesse a ver com a conjuntura política. Jesus mostrou aos fariseus a moeda romana, que não era a moeda típica da Palestina e nela havia a efígie do imperador, e disse em outras palavras: "César que se mande daqui, porque essa província é nossa, dos judeus, e ele não deve ocupar isso aqui e nos governar". Tanto que, quando Jesus disse que os demônios eram uma vara de porcos, isso foi entendido como uma crítica direta aos romanos, porque o símbolo da legião romana era um porco, e os judeus tinham horror a porco. Os judeus consideravam os romanos arrogantes, além de ocupantes, por utilizarem aquele símbolo. E Jesus identificou o símbolo com a figura do demônio. Demônio que saiu do homem possesso e foi para a vara de porcos, que se precipitou no abismo (Evangelho segundo Marcos, cap. 5, vv. 1 a 20). Portanto, foi uma dura crítica à ocupação romana da Palestina.

A Igreja espiritualizou de tal modo a pregação de Jesus, que acabou por colocar o Reino de Deus apenas lá em cima... Em resumo, o cristianismo tem, não um projeto específico de sociedade, mas valores que devem nortear todas as sociedades, como a defesa intransigente da vida, a ontológica sacralidade do ser humano, o amor e a justiça como bases de todo relacionamento humano, pessoal e social.

Veja a questão do fundamentalismo religioso na política. Se sou pastor ou padre de uma Igreja e não me conformo com o pluralismo da sociedade, com a diversidade de opiniões e costumes, decido que toda a sociedade deve seguir os preceitos da minha Igreja. Exemplo: minha Igreja considera pecado beber e fumar. Só há dois meios para impor isso a toda nação brasileira: o primeiro, converter toda a população à minha Igreja.

HERÓDOTO: Isso é impossível.

FREI BETTO: Mas o segundo é possível — a caneta do poder. Uma vez no poder, transformo isso em lei civil, como foi feito nos Estados Unidos, com a aprovação da Lei Seca, que perdurou de 1920 a 1933. Assim, ficam proibidos a produção, o comércio e a circulação de cigarros e bebidas alcoólicas. E é isso que alguns fundamentalistas religiosos querem. Aí mora o perigo.

HERÓDOTO: As questões que o budismo reputa como sendo decisões de foro íntimo são aquelas que tenho que discutir comigo mesmo, e não publicamente. Por exemplo: eu como carne de porco. Estive em um país islâmico recentemente, o Azerbaijão, onde não se come esse alimento, mas havia carne de porco disponível — se eu quisesse comer, poderia. É um preceito religioso para os islamitas. Sofro as consequências daquilo que eu mesmo faço. Mas não quero impor as minhas verdades a pessoas de outras religiões. Suponhamos que, a partir de agora, temos que colocar um incenso numa imagem de Buda, porque isso vai fazer com que Buda nos ajude em nossos problemas cotidianos. E suponhamos que isso virasse uma lei, uma lei que todos, budistas ou não, fossem obrigados a obedecer: comprar uma estátua do Buda e colocar um incenso nela. Seria de fato um absurdo. A escola pública é laica.

FREI BETTO: É essa intolerância que temos de combater. O pluralismo religioso é uma conquista da cidadania, da democracia, bem como a diversidade de opiniões. Não se deve nunca repetir o erro que a Igreja cometeu na Idade Média, de querer impor sua convicção religiosa ao conjunto da sociedade.

HERÓDOTO: Esse debate já existe no Congresso — um projeto de lei que instauraria o ensino religioso nas escolas. Isso já está em discussão pública.

FREI BETTO: A minha posição é a seguinte: toda escola tem obrigação de promover o ensino das religiões, porque não se pode viver em um país, como o Brasil, sem saber o que é candomblé, macumba, espiritismo, e também o que é budismo, xintoísmo, islamismo. Assuntos que aparecem na mídia todos os dias. Mas que não se convoque o padre, que vai ensinar o que é catolicismo, para falar sobre o espiritismo, porque certamente ele fará um discurso preconceituoso; chamem o médium. O importante é que os alunos conheçam as diversas religiões por meio de seus respectivos representantes. Agora, a escola religiosa tem obrigação, sim, de ensinar a religião que abraçou. E não como acontece em muitos colégios católicos, que viraram meras empresas particulares. As universidades católicas do Brasil geraram muitos ateus e corruptos. Se você analisar o currículo de políticos desonestos, verá que vários foram alunos de escolas religiosas. E por que isso? Porque se transformaram em colégios que funcionam como empresas, não implementam ali os ensinamentos de Jesus. Se eu sou diretor de um colégio religioso e você chega para matricular seu filho, tenho o dever ético de avisar: "Aqui a regra do jogo é esta". Se você não quiser aceitar, eu sugiro: "Então procure outra escola. Se matricular seu filho aqui, ele terá de fazer três retiros espirituais por ano, participar de um projeto de solidariedade em um assentamento do MST etc. Será educado de acordo com os valores evangélicos, e isso supõe determinadas práticas".

HERÓDOTO: Temo que as religiões minoritárias, entre elas o budismo, não tenham condições de acompanhar as religiões majoritárias cristãs, como a católica, as protestantes, as evangélicas, e que o ensino se torne, na verdade, um instrumento de conversão dos alunos a essas religiões. Fico pensando se as aulas sobre história das religiões não deveriam ser dadas pelo professor de história, porque, além de conhecer a história, ele é capaz de colocar as questões dentro de um arcabouço, de uma contextualização. De todo modo, acho a institucionalização do ensino religioso um perigo muito grande, e estou percebendo que as bancadas religiosas do Congresso estão pressionando para que ela ocorra, porque eles querem aumentar seu rebanho. Nada contra se for no templo, mas, nas escolas, não.

FREI BETTO: E os criacionistas terão que explicar como estamos aqui. Porque, se nascemos de Adão e Eva que tiveram dois filhos homens, como estamos aqui?

HERÓDOTO: Esse vai ser o próximo passo. Os budistas não são criacionistas.

FREI BETTO: Temos que combater todo tipo de intolerância e lutar pelo pluralismo de crenças e opiniões.

HERÓDOTO: Penso que vamos ter que discutir isso depois, ou seja, o que fazer se um colégio religioso, como você diz, é adepto do criacionismo. Acho que tem todo o direito de ser. Se os pais estão informados de como a escola funciona, tudo bem. Mas, veja, um colégio laico é um colégio laico. Certamente os pais têm o direito de escolher para seus filhos um colégio que ensine apenas o criacionismo. É, como disse, uma questão de foro íntimo. Contudo, se for uma escola pública, deve ser uma escola laica.

FREI BETTO: Se for um colégio laico, não tem nenhum direito de querer impor o criacionismo.

HERÓDOTO: A construção da espiritualidade tem que ser feita dentro da denominação religiosa da família, e não na escola. Acho que estamos correndo um sério risco, porque nosso Estado ainda é laico, e espero que continue sendo, ainda que a maior parte de nosso país seja cristã. Do contrário, os instrumentos educacionais podem ser usados para anular as religiões de menor representatividade numérica que temos aqui. É saudável que as pessoas conheçam a pluralidade e possam fazer suas escolhas livremente. Com a consciência plena, sem uso de drogas ou de qualquer outra substância que anuvie a mente.

FREI BETTO: No prefácio de um de seus livros, você diz que a hiperatividade dos órgãos do sentido é incompatível com o caminho da iluminação. No entanto, quem se droga busca a iluminação. Concorda que todo drogado é um místico em potencial?

HERÓDOTO: Não. Algumas pessoas acreditam que, consumindo uma droga, que pode ser química ou natural, terão sua mente expandida. Ou seja, serão capazes de enxergar mundos que não enxergam normalmente. O budismo acredita que esses mundos são mundos de fantasia, criados pela própria mente. A mente é capaz de grandes armadilhas; uma delas é esta, achar que está em um universo expandido sob o efeito de drogas, sendo capaz de ver sua origem, ver Deus e por aí afora. No passado, chegou-se até mesmo a associar algumas seitas budistas ao consumo de drogas. Especialmente as zen-budistas. Mas depois ficou absolutamente claro que se tratava de um modismo que apareceu especialmente nos templos da Califórnia, nos Estados Unidos. Em nenhum momento de sua história, budismo e drogas estiveram associados. Em nenhum momento. E olha que a religião se desenvolveu em regiões onde há forte consumo de ópio, haxixe, sobretudo álcool, mas não houve essa mistura, por uma razão muito simples: não é esse o caminho para se chegar à iluminação. Se eu toldar a minha mente, não vou alcançar a iluminação. Qual é o objetivo da minha vida? Além de, obviamente, fazer felizes as pessoas que estão ao meu lado, é também me iluminar. Consumir qualquer tipo de droga vai criar mais problemas, mais obstáculos para isso e eu não vou conseguir. E se eu não alcançar a iluminação, meu carma vai renascer e eu vou ter que responder por meus atos da vida passada. Tudo estará gravado no carma. O *Dhammapada* diz que na verdade a pessoa que anda em companhia dos tolos sofre a nostalgia. Associar-se com os tolos é sempre penoso, como uma parceria com o inimigo. Mas a associação com os sábios é feliz. Portanto segue o justo, aquele que é firme, sábio, culto, responsável e devoto. Eles são as nossas estrelas.

FREI BETTO: Concordo que a droga não é o caminho, mas considero o drogado um místico em potencial, que entrou pela porta errada, a do absurdo. O budista, como qualquer místico de qualquer tradição religiosa, entra pela porta do Absoluto.

HERÓDOTO: O que ocorre é que aquele que se droga está no nível sensorial da mente. Sua sensibilidade é aumentada "n" vezes. Em outras palavras, sua mente começa a se agitar de tal forma que ele não é capaz de passar para a etapa seguinte. Ele fica na primeira etapa, ponto em que a mente fica absolutamente descontrolada e ele não é capaz de enxergar outras coisas senão aquilo que o nível sensorial apresenta. O praticante do budismo busca na meditação diária, no zazen, a tranquilidade e o entendimento do mundo, que outros buscam nas drogas. O zazen é a busca da sabedoria interna.

FREI BETTO: Daí a frustração quando passa o efeito...

HERÓDOTO: Sob o efeito de algumas drogas as pessoas veem estrelas, cores, ouvem ruídos; e mais: algumas substâncias ajudam a destravar o inconsciente. Então saímos na rua como se fôssemos alguém que tivesse um transtorno mental, falando com gente inexistente, absolutamente inexistente, mas é um diálogo mesmo: a pessoa não está falando sozinha, está falando com alguém que está respondendo. A droga cria essas dificuldades para quem pretende chegar à iluminação. Nunca ouvi nada a respeito, desconheço absolutamente casos em que os entorpecentes tenham ajudado na meditação ou na busca dessa iluminação. O sexo, sim (já falamos sobre o tantrismo). Porque se o ser iluminado é o ser desperto, só ele tem essa visão, ninguém mais. O budismo é uma experiência fundamentalmente pessoal e individual. Você vai me dizer: "Mas, no templo, as pessoas não se reúnem para fazer meditação, todas juntas? Não se sentam em uma sala, virados para a parede?". Sim. Mas são individualidades. De vez em quando não se canta um mantra? Canta-se. De vez em quando não se reza um sutra coletivamente? Reza-se. Mas a experiência continua sendo individual, e não coletiva. É preciso fé para avançar. Não é exagero dizer que a paz interior, que é o objetivo do zen-budismo, é impossível de ser alcançada sem fé.

FREI BETTO: Visitei mosteiros budistas na China. Aliás, Chou En-lai, na Revolução Cultural, extremamente antirreligiosa, cuidou de defender os mosteiros budistas. Porque são mosteiros milenares, fazem parte do patrimônio da humanidade. Lá vivi uma experiência curiosa, em Beijing. Éramos um grupo de umas dezoito pessoas. Fomos jantar em um mosteiro budista, que mantinha um restaurante para obter renda e, portanto, recebia turistas. O guia avisou: "Os monges são rigorosamente vegetarianos, de modo que quem não curte esse tipo de comida não deveria ir". Fomos todos. Havia lá uma mesa sueca, de *self-service*, enorme, repleta de diferentes pratos, e cada um se servia. Vi carne assada, camarão, e não entendi nada. Mas me servi, e não dava para monopolizar o guia canadense, o único que falava mandarim. Qualquer conversa que um de nós quisesse ter com um monge, tinha que apelar para o guia. No fim do jantar, tive acesso a ele e indaguei: "Você avisou que o cardápio era vegetariano, mas comi carne assada, fiambre, camarão..." Ele chamou o monge, traduziu minha dúvida, e o monge começou a rir, me puxou até a mesa, pegou o camarão nas mãos e começou a desfolhar. Era tudo vegetal, com aspecto e sabor de camarão ou carne assada. Aprendi inclusive a fazer um quibe com trigo e soja. Meu pai e meu irmão caçula, que eram muito carnívoros, comeram e, por toda a vida, ficaram convencidos de que eu os enganava, e que ali havia carne.

HERÓDOTO: Uma coisa que precisa ser esclarecida é que os budistas não são obrigados a ser vegetarianos. O vegetarianismo não faz parte de nossos preceitos. Alguém me contou que quando o Dalai-Lama ficou famoso e começou a viajar pelo mundo, ele comia carne. Não se trata, portanto, de uma lei religiosa, como é a proibição de se comer carne de porco no judaísmo e no islamismo. Para o budismo, trata-se de uma decisão pessoal. Se ao comer menos carne você emagrece, tem uma digestão melhor, maravilha. Eu quase não como carne, mas não por ser budista. Para o budismo, essa atitude — uma herança hinduísta — se trata de respeito aos outros seres viventes. Contudo, não é pecado comer carne — como disse, não existe a noção de pecado no budismo. O homem santo é aquele que renuncia à violência para com todos os seres vivos, que é amigável entre os hostis, pacífico entre os violentos, desapegado entre os apegados e profere palavras instrutivas e verdadeiras.

FREI BETTO: São mitos criados por razões de saúde, como o porco para os povos do deserto, onde não há lenha suficiente para cozinhá-lo. Daí as restrições entre os hebreus e muçulmanos. Em Minas se dizia que manga com leite faz mal.

HERÓDOTO: Minha mãe falava isso, que dá congestão.

FREI BETTO: Os escravos tinham que ordenhar as vacas e levar o leite para a casa-grande. Havia poucas vacas em Minas, porque o gado exige atenção humana, e a mão de obra era empregada na mineração. Foi a maneira de evitar que os escravos bebessem o leite. Manga podiam comer à vontade.

HERÓDOTO: Também gostaria de esclarecer outra coisa: existe uma ideia equivocada sobre a meditação. Acredita-se que quando se faz meditação, a pessoa se afasta do mundo material. É exatamente o contrário. A meditação não é uma forma de se isolar do mundo e dizer "não tenho nada com isso aí fora, não tenho nada a ver com essa roubalheira, nada a ver com a miséria, nada a ver com o que está acontecendo ao meu redor". Pelo contrário, a meditação se estende ao entorno. É preciso se perguntar: como posso ajudar para que o mundo se transforme? O que posso fazer para que as pessoas vivam melhor? Portanto, meditar não é ficar "numa *nice*", "ficar zen". Coisas assim não têm absolutamente o menor sentido. Como se eu pudesse me isolar do mundo em que vivo. O budismo não isola as pessoas. Você pode estar em um templo, na sua casa, em qualquer lugar, mas você está consciente do que está acontecendo a sua volta, pensando em como pode colaborar para que as coisas melhorem.

FREI BETTO: Você diz, na introdução de um de seus livros, que o Dalai-Lama quer restabelecer no Tibete um Estado teocrático, uma espécie de Vaticano oriental, expressão sua. Muitos pensam que o Dalai-

-Lama quer a democratização da China, incluindo o Tibete. Explique isso melhor, por favor.

HERÓDOTO: Falamos aqui que o Tibete foi um Estado teocrático. O Irã também é um Estado teocrático, já Israel é um estado confessional.

FREI BETTO: E o terceiro é o Vaticano.

HERÓDOTO: Sim, o Vaticano também é um Estado teocrático. No caso do Tibete, com o que defende o Dalai-Lama será uma volta ao passado, uma retomada da mistura que você mencionou há pouco, entre Estado e religião.

FREI BETTO: Ali quem tem o poder religioso, tem o poder político.

HERÓDOTO: E isso concentrado em uma pessoa só. Creio que não é possível existir democracia no Estado teocrático. Por mais que o Dalai-Lama fale frases sábias e defenda os direitos humanos, o Tibete tem que ser um país democrático, no qual os cidadãos possam optar por ser budista, ser cristão, ateu, enfim.

FREI BETTO: De fato, ele advoga a teocracia.

HERÓDOTO: Há também questões, como você sabe, geopolíticas em jogo ali, como a proximidade com a Índia, com a China e com o Paquistão, todos países nucleares. Então quando se diz que a China está invadindo o Tibete, está batendo em seus habitantes, muito disso faz parte de uma propaganda política e tem muito pouco de verdade. Digo isso porque conheço várias pessoas que foram ao Tibete. Aliás, já não é tão difícil ir até lá. Hoje existe uma linha de trem que faz conexão com Xangai ou Beijing. Qualquer turista pode ir. Há também companhias aéreas que têm o Tibete como destino. Qualquer um pode verificar o que está acontecendo. Em resumo, acho que não se pode misturar a questão política com a religiosa.

FREI BETTO: Concordo, embora em nossas vidas e realidades sociais uma interfira na outra.

E, Heródoto, como é a sua prática de meditação?

HERÓDOTO: Medito em vários momentos do dia. Se eu estiver na minha casa, para meditar, estarei sentado, porque é mais confortável, o corpo fica em uma posição parecida àquela da ioga, e é importante que sua coluna fique ereta, porque permite uma concentração maior. Os budistas geralmente colocam as mãos assim, com os polegares se tocando, pois é uma forma de descarregar a tensão do corpo. Mesmo que não se toquem, sente-se uma corrente passando de um lado para o outro. É bom que o olhar esteja na posição de 45 graus, é uma forma de relaxamento e por isso as reproduções de Buda têm sempre o olhar para baixo. É o símbolo da meditação. Há um ensinamento que diz que o que se ouve, se esquece; o que se vê, se lembra; o que se faz, se aprende.

FREI BETTO: Você não fecha os olhos?

HERÓDOTO: Não, não fechamos os olhos na meditação budista, porque se os olhos estiverem fechados, muito mais fantasmas vêm à cabeça do que se mantivermos os olhos abertos. De olhos fechados eu fico desatento. Então a prática que se recomenda, de maneira geral, é sempre estar de olhos abertos. Se você reparar na figura do Buda na capa dos livros, irá notar que ele sempre está com os olhos semicerrados. A meditação zazen é um esforço através do nosso corpo para se chegar à essência búdica.

FREI BETTO: Você olha para um ponto fixo?

HERÓDOTO: Sim, você deve manter o olhar em 45 graus, mirar o rodapé da parede da sala. É uma posição de descanso. Ou seja, quando estou em meditação, não estou desatento; estou atento às coisas que estão fora e dentro de mim, e estou procurando as coisas que estão no meu inconsciente, pelas quais eu tenho que responder. Porque não se esqueça de que preciso limpar meu carma, que está sujo não só pelas coisas ruins que fiz nesta vida, mas também em vidas passadas. Se eu desejei mal a alguém, por exemplo, é como se eu tivesse praticado uma maldade contra a pessoa. Está tudo acumulado no meu carma. Preciso limpá-lo. Preciso obter o perdão mental dessas pessoas, para ficar mais leve, mais tranquilo. Quando medito ao caminhar, também mantenho os olhos a 45 graus.

FREI BETTO: Você adota uma disciplina mínima, a de meditar todos os dias?

HERÓDOTO: Sim. Todos os dias. Mas para meditar, não é preciso estar numa posição específica. Se você está num lugar qualquer e de repente se senta e começa a meditar, vão pensar que você é maluco. É possível meditar na sala de espera de um consultório médico, no aeroporto etc. É possível meditar em vários momentos do dia, em quinze, vinte minutos... O ato de meditar é volitivo, e desde que se tenha tranquilidade na mente é possível meditar em outros momentos, não necessariamente voltado para uma parede branca. Pode-se meditar, por exemplo, em uma caminhada.

FREI BETTO: É o não pensar em nada.

HERÓDOTO: Exatamente. É prestar atenção na própria mente, nas mensagens que a mente está desenvolvendo. Aquele que medita sem mancha, que é pacífico, que faz o seu trabalho e está livre das impurezas, atinge o mais alto de seus objetivos.

FREI BETTO: Meditar é também limpar a mente?

HERÓDOTO: Sim. Essa limpeza é também um processo que se desenvolve com a prática. Qualquer pessoa pode praticar, mas deve ser um processo, que se inicia primeiro na contagem da respiração. Se eu consigo contar minha respiração — um, dois, três, seguro o ar no quatro, depois no seis eu solto, seguro no dois —, o que acontece? A minha mente se fixa nisso. Ou seja, não está mais preocupada em ganhar ou não dinheiro, se fulano me xingou... A mente passa a estar concentrada, fica menos ativa, menos frenética do que se eu estivesse no mundo das sensações. Isso é possível de se alcançar com algum treino. À medida que treinamos e ganhamos corpo nesse processo — porque a meditação é um treino —, conseguimos praticar nos intervalos do dia. Você se senta, se acalma e acalma sua mente. Quando fazemos assim, tudo fica mais fácil.

Pensando pelo lado pragmático: muitas pessoas rezam antes de fazer alguma coisa, outras fazem promessas. Os budistas meditam, como forma de clarear a mente. E talvez assim as soluções surjam com mais facilidade, porque a mente está menos dominada. Em vez de estar dominado pela raiva, pelo ódio, pela ira, pela retaliação, se eu me sentar um pouquinho ali e meditar, fazendo com que esses sentimentos diminuam, é possível que, na hora em que me levantar, eu tome decisões diferentes daquelas que eu tomaria em geral. Por exemplo: figurativamente, tenho o costume de quebrar potes, potes de cerâmica — imagine aqueles bem grandes, portugueses, bonitos. Estou num jardim cheio de potes e lá vou eu, com um pedaço de pau, quebrar os potes. A princípio eram apenas potes. Depois passo a colocar figuras neles; pego a roupa de que mais gosto e coloco num pote. Vou lá e pimba, quebro aquele pote. Então coloco outra coisa de que gosto muito em outro pote, e não sou capaz de quebrá-lo. Isto é, dependendo do meu apego...

FREI BETTO: Isso é figurativo? Na meditação você decide e quebra o pote!

HERÓDOTO: Sim, figurativo. Ou seja, estou tentando me libertar das coisas às quais ainda me apego. Suponhamos que eu tenha uma casa na praia, e ela está no pote. Tenho coragem de quebrá-lo?

FREI BETTO: Teria a coragem de emprestá-la aos amigos?

HERÓDOTO: Emprestar para amigos, vender, fazer qualquer coisa...

FREI BETTO: Não precisa vender, basta socializar.

HERÓDOTO: Mas o que quero dizer é: é possível se desapegar? Uma vez perguntaram a um monge: "Posso usar um terno Armani?". Ele respondeu: "Claro, você só não pode se apegar a ele". Nada contra usar um terno Armani, mas não devo me apegar a ele; do contrário, se transformará em motivo de sofrimento. Em outras palavras: aquele que anseia em ser livre de paixões deve destruir seu próprio desejo.

FREI BETTO: São Paulo diz na 1ª Carta aos Coríntios (cap. 6, v. 12): "Tudo me é permitido, mas nem tudo me convém". Posso tomar uísque em um almoço de religiosos? Posso, mas não convém. Os comensais tomarão vinho, não uísque.

Medito há cinquenta anos. Aprendi sem sequer atinar para a palavra meditação, através da leitura de Teresa de Ávila e João da Cruz. Todo o método deles é de meditação, embora quase não utilizem essa palavra, talvez até por causa da Inquisição. Não convinha na época o uso do termo. O cristianismo medieval, com a influência árabe na Península Ibérica, herdou algo de outras religiões. Por exemplo, o rosário católico. Todo muçulmano anda com um "terço" na mão, quase o tempo todo. Esse "terço" chama-se *masābi*. É usado, hoje, praticamente por todos os muçulmanos, exceto os *wahhābitas* (conhecidos no Ocidente como tradicionalistas), que classificam o seu uso como superstição e, portanto, preferem contar as litanias nos dedos. Nos séculos XII e XIII, era justamente entre os setores populares da Península Ibérica, da Sicília e da Tunísia, que o "rosário" islâmico era mais difundido. E são Domingos, fundador da Ordem Dominicana e criador do rosário católico, era espanhol e do século XIII! No rosário católico há 150 ave-marias e, no terço, que significa 1/3 do rosário, obviamente apenas cinquenta.

Embora goste de rezar o terço, é a meditação que se tornou um hábito indispensável em minha vida. Atribuo a ela o fato de ter saído saudável após quatro anos de prisão, dois deles entre presos políticos e dois entre comuns. Sobretudo quando fiquei em celas individuais ou solitárias. Há diferença; na individual há alguma comunicação com o exterior, nem que seja com o carcereiro que vem trazer a comida. Na solitária não, fica-se muito isolado, e não se pode ter nada, nem livro, o que é uma vantagem para quem sabe meditar. Cheguei a meditar quatro horas seguidas, sem sentir o tempo passar. Essa é uma característica de certo estágio da meditação, a abstração total da temporalidade, tanto faz meditar meia hora ou três horas, parecem tempos iguais.

Suponho, Heródoto, que deve ser a mesma experiência para você. E você sabe que ao alcançar o grau oito, volta-se ao grau dois ou um. Não há ascensão sem retrocesso. Depende muito do momento que estamos vivendo, dos problemas, enfim, das atribulações da vida. Há situações que facilitam menos ou mais a meditação. Hoje, medito todo dia de manhã. Quando posso, quando me isolo para escrever, também à tarde. E marco no despertador, para não racionalizar o tempo. E às pessoas a quem ensino a meditar recomendo marcar no despertador também, para não ficarem preocupadas se já se passaram quinze ou vinte minutos. Marco meia hora. Medito antes de tomar café, sentado na cama. Também nisso concordo com você, a coluna tem que estar para cima. Não consigo nem recomendo a ninguém meditar deitado, acaba em sonolência. E, diferente de você, medito de olhos fechados. Vou experimentar, nunca experimentei meditar de olhos abertos. A turbulência mental é muito grande, mas há períodos que consigo desanuviar. A mente fica sem nuvens, sem fantasmas, é um não pensar, não imaginar, não fantasiar nada, zero. É muito bom isso. Foi um aprendizado difícil, porque queremos ter prazer em tudo que fazemos, como afirma Aristóteles, e no ponto zero em geral predomina a completa aridez.

HERÓDOTO: Ainda em relação à meditação budista, gostaria de dizer que não se trata de uma concentração em um tema, porque muitas vezes acha-se que meditar é se concentrar em determinado assunto e tentar pensar sobre ele. A meditação budista não tem pauta, assim como nós aqui nesta conversa. Isto é, eu não sei exatamente o que vai vir na minha mente para que eu possa meditar a respeito. Claro, posso conduzir a mente para A ou B, mas no momento que me sento e começo a meditar, coisas do meu inconsciente afloram e preciso enfrentar esses meus fantasmas. Quando falei dos potes, dei exemplos de coisas materiais — um terno, uma casa —, mas imagine que num pote está meu pai estampado, ou minha mãe; como é que eu vou quebrá-lo? Não tive coragem ainda.

FREI BETTO: Mas por que você não pode ter afeição a eles?

HERÓDOTO: Posso ter afeição, mas não posso me apegar.

FREI BETTO: Entendi.

HERÓDOTO: Quebrar o pote não quer dizer destruí-lo, e sim passar para outro estágio, e embora minha afeição seja muito grande, não me apegaria mais a eles. Ou seja, fazem parte da minha história, sou extremamente grato a eles, mas não posso me apegar.

FREI BETTO: É, evidente, se ficou apegado, você vai sofrer com isso. Você falou do mantra. Os budistas não usam um de vez em quando? Uso quando há muita turbulência, para disciplinar a mente. Vocês não usam?

HERÓDOTO: Há várias escolas...

FREI BETTO: Na China, em um mosteiro budista, vi monges em mantra musical, tocando a mesma toada, a mesma batida, durante horas.

HERÓDOTO: No Sudeste da Ásia, por exemplo, existe algo assim; no Tibete também. Muitos desses rituais são atividades ainda da época do animismo. Há um certo ritual de tocar o sino, ou de tocar o bumbo, ou então ler o sutra, que tem determinada cadência. Mas a maior parte das pessoas não sabe o que os sutras significam, porque foram escritos em sânscrito ou em pali, a língua do budismo do Sudeste Asiático. É como pronunciar o Pai-Nosso em latim: se eu não sei latim, apenas repito as palavras, sem entender exatamente seu significado. No caso do zen-budismo, basta o indivíduo se aproximar, entrar no templo, cumprimentar a todos e se sentar virado para a parede, permitindo que sua mente comece a aflorar. Isso é mais difícil do que se concentrar em determinado ponto. Deixar o passado, deixar o futuro, deixar o presente e passar para a margem mais distante da existência: eis o grande desafio.

Como disse antes, o primeiro passo é se concentrar na respiração — esse é só o primeiro passo. O segundo é imaginar um lago e tentar fazer com que suas águas fiquem bastante serenas, ou que o céu fique sem nuvens. Há muitos outros passos. No momento em que minhas questões, meu âmago, a história da minha vida começam a ser atingidos, aí começa a ficar grave. Como no exemplo dos potes: se meu pai está desenhado num dos potes, como é que eu vou quebrá-lo? Como posso passar a respeitar e amar meu pai em uma outra dimensão, se não conheço essa dimensão ainda? Será que vou ter coragem? Até agora não tive. Mas há outros processos para se alcançar o desapego, e o que estou contando é a minha experiência pessoal. Desapego significa desatar o sofrimento; significa entender que a morte faz parte do fluxo; significa "caminho da iluminação". O apego é um desastre.

FREI BETTO: Estou plenamente de acordo. Vejo, por exemplo, no mundo da política, no qual transitei nos dois anos em que trabalhei no Planalto (2003-2004), como o apego é a compensação da baixa autoestima. Por que muitos políticos morrem de medo de perder o mandato, entram em desespero? Porque têm baixa autoestima e não suportam se imaginar, de novo, como simples cidadãos. O sujeito que está no poder não tem que abrir porta, carregar pasta, nem meter a mão no bolso no restaurante, porque o garçom se adianta e diz: "Está tudo certo, excelência; é uma honra o senhor estar aqui". O Mujica, quando presidente do Uruguai, foi com a mulher a um restaurante de beira de estrada em um domingo, no fusquinha dele. Sentaram e almoçaram. Um brasileiro que estava no restaurante ficou perplexo ao ver que, quando o casal Mujica terminou de comer, o *maître* veio com a conta e o presidente pagou e foi embora. O brasileiro chamou o *maître* e falou: "Não era o presidente? E vocês cobraram dele? Ao vir aqui, ele deu prestígio ao restaurante. Todos estão vendo que o presidente almoçou neste restaurante. Vocês é que deveriam agradecer ao presidente por ele ter vindo aqui". O *maître* explicou: "Não tem como. A primeira vez que ele veio aqui fizemos de tudo para ele não pagar. Ele disse que tudo bem, mas se aceitasse a gentileza nunca mais voltaria".

HERÓDOTO: Essa é uma atitude budista. Uma atitude de humildade.

FREI BETTO: Mas é preciso tomar cuidado. É fácil fazer o discurso do desapego quando se tem tudo. A prova é quando há perda. Quando você perde o emprego, por exemplo, é fatal, entra em depressão. Estava trabalhando, garantindo o seu sustento e, de repente, leva uma pancada dessas, tem de voltar à estaca zero, procurar trabalho, pedir...

Concordo com você quando diz que uma pessoa impregnada de desapego, no que a meditação ajuda muito, não sofre tanto, como não sofri tanto na prisão, graças à meditação. Sentia-me preparado inclusive para morrer. O advogado, às vezes, dizia: "Parece que no próximo mês vão aprovar um recurso e tal...". Eu reagia: "Não crie expectativas. No dia em que trouxer o alvará de soltura, você me diz que, enfim, estou livre". A pior coisa, na prisão, é ficar com o corpo lá dentro e a cabeça aqui fora. Isso acaba com o preso. É depressão na certa. Você tem que assumir a prisão como se fosse sua vida normal. Saber ocupar-se lá dentro com estudos, aprender, por exemplo, um idioma, fazer artesanato, distrair-se com jogos. Fiz isso durante os quatro anos de prisão. Na Penitenciária de Presidente Venceslau [SP], como descrevo em *Cartas da prisão* e *Diário de Fernando*, dei aula no curso supletivo de ensino médio, organizei um grupo de teatro, grupos bíblicos, estudei teologia e li muito. Andava tão ocupado que, quando me falaram que eu seria solto, quase objetei: "Não dá para eu ficar mais um mês? Tenho que terminar umas coisas aqui...".

HERÓDOTO: Vamos voltar ao exemplo que você deu: uma pessoa que perde o emprego, o que é algo grave. Nesse momento, se o sujeito estiver com a mente mais calma, se não entrar em pânico, vai poder ver melhor as possibilidades diante de si. Se não tiver controle sobre a mente, vai ficar desesperado. Com a meditação, a visão das coisas muda.

Além disso: se ele fica apegado ao emprego antigo, o que vai fazer? Vai ficar telefonando para os antigos colegas, vai ficar perguntando do chefe que o mandou embora, enfim, vai ficar revolvendo tudo o que se passou até ser mandado embora. Desapegar-se é pensar o seguinte: O.k., fui mandado embora dessa empresa e tenho que virar a página. Fiz amigos lá, claro; quero continuar a encontrar o pessoal, mas tenho que me libertar daquela realidade, que não é mais a minha.

O exercício do desapego, portanto, além de nos ajudar a ser mais livres, ajuda na capacidade de avaliação da nova situação, uma situação que pode ser difícil, constrangedora, como é a de voltar ao mercado de trabalho, conseguir um novo emprego etc. No fundo, como disse, é o exercício de se desapegar do passado. É mais difícil desapegar-se do passado do que aceitar o novo, o presente. O apego, ao passado nos impede de ver as coisas com clareza e atrapalha a busca do caminho da iluminação. O *Dhammapada* diz que o desejo, o apego, cresce como uma trepadeira. Não basta cortar as folhas e deixar as raízes. A trepadeira brota e cresce. É preciso cortar a raiz do apego e esse é um desafio que só se consegue com a prática constante da meditação.

FREI BETTO: Para ter desapego é preciso muito boa autoestima. A pessoa precisa se sentir muito bem consigo mesma. Muita gente me pergunta se não lamento ter deixado o governo. De jeito nenhum, me sinto um feliz ING — "indivíduo não governamental". Nunca tive apego àquilo lá. Entrei muito mais por razões pastorais do que políticas, pois se tratava do programa Fome Zero, cuidar dos mais pobres entre os pobres, os famintos. Fiquei dois anos e saí tranquilo. Volto a dizer: a meditação ajuda muito a manter a autoestima.

HERÓDOTO: Sem dúvida. E outra coisa que a meditação nos ajuda a entender é que somos o presente. É claro que somos fruto do passado, mas somos o presente, ou seja, não posso viver no passado, chorando por coisas que fiz. E nem ficar criando um mundo imaginário no futuro, que nunca vai acontecer, ficar o dia inteiro atrás do que vem pela frente. O budismo é a religião do presente, essencialmente do presente.

FREI BETTO: Fazer do presente um presente.

HERÓDOTO: O budismo é uma sucessão de presentes. Existe um livro de Eckhart Tolle interessantíssimo chamado *O poder do agora*. Ele diz que as coisas tem que ser resolvidas agora. Esse "agora", obviamente, é figurativo. Isto é, tenho que resolver, não posso ficar vivendo no passado. É preciso se livrar imediatamente das impurezas, que são enormes nos arrogantes e descuidados.

Por exemplo: você encontra um amigo e, céus, ele conta a mesma história pela terceira ou quarta vez. Mas, por educação, você ouve tudo de novo. Quer dizer, ele está agarrado ao passado. É como se aquilo fosse a coisa mais importante da vida dele. Aí ele pula para o futuro, fala de coisas que vão acontecer daqui um, dois, dez anos, sem saber ao certo se vão mesmo acontecer. Então o budismo, de certa forma, puxa a pessoa para o presente, sobretudo na meditação. Porque no presente também pode haver coisas que nos incomodam e das quais estamos fugindo. Coisas que nos causam constrangimento, nos causam alguma dor, e pensar sobre elas não é fácil. Para o budismo, não existe alternativa, a não ser viver o tempo presente. Enredado pelos laços do ódio do passado, aquele que procura sua própria felicidade infligindo dor aos outros jamais se libertará desse ódio.

FREI BETTO: Você também escreveu que "sem dúvida não há budismo". Explique isso.

HERÓDOTO: O budismo, por suas características, nunca entrou em embate com a ciência. O primeiro passo da ciência é a dúvida. O primeiro passo do budismo também. Budismo e ciência caminham juntos. Se a ciência defende algo que vai de encontro à nossa tradição, apenas reforçamos nossa crença religiosa, nossos preceitos. Porque o budismo não tem dogmas; tem dúvidas. O objetivo da ciência é sistematizar o conhecimento removendo todas as inconsistências e rejeitando todas as interpretações arbitrárias. A ciência e a religião, juntas, fazem a vida mais feliz e tornam o ser humano realmente livre. Como as duas asas do pássaro.

FREI BETTO: Não tem dogmas, mas tem princípios, entre os quais o "desapegue-se".

HERÓDOTO: Sim, falaremos sobre princípios mais adiante. Por enquanto, pensemos nisto: não há dogmas no budismo. Porque imagino que o dogma pressupõe a fé. Ou não?

FREI BETTO: O dogma pressupõe fé. Porém, há uma inadequada compreensão vulgar do dogma. Há quem acredite que o dogma é uma opinião revestida de verdade, proferida por uma autoridade religiosa, e você tem que crer naquilo, mesmo que o agrida intelectualmente. Não é bem assim. O dogma é uma verdade de fé proferida por uma autoridade religiosa. Mas a 1ª Carta de Pedro (cap. 3, v. 15), no Novo Testamento, diz que a fé supõe a razão. Devemos saber apresentar as razões de nossa esperança. De modo que a fé não é uma adesão irracional, é suprarracional, na medida em que não posso explicar Deus, mas é papel da razão tentar essa explicação, como fez Santo Tomás de Aquino. Assim, o dogma tem diferentes hermenêuticas ou interpretações. Não significa que devo aceitar o que agride a minha razão. Tenho todo o direito de debater teologicamente se a interpretação desse dogma se sintoniza com a minha consciência, reduto por excelência de minha liberdade. Há dogmas no catolicismo que requerem um estudo mais aprofundado, como o da infalibilidade papal quando, *ex cathedra*, o pontífice se manifesta sobre questões de fé e moral. Conheço a história desse dogma. Em 1870, no apagar das luzes do Concílio Vaticano I, por causa das guerras europeias, o papa Pio IX, um ultraconservador, que chegou a condenar a modernidade, o proclamou como escudo contra as ideias liberais em voga. Este papa, que teve o mais longo pontificado (1846-78) até hoje, não via com bons olhos o progresso, as ferrovias, e até a luz elétrica, porque tudo isso propiciava o pecado — devia-se seguir o relógio da natureza, vamos dormir! É verdade que na Inglaterra a luz elétrica facilitou o trabalho semiescravo e escravo, as jornadas de trabalho, até de crianças, que se estendiam ao período noturno. Como os liberais diziam, "esse papa não fala coisa com coisa, é ultramontano"; inclusive o apelidaram de "Papa No No", não, não! Em reação, ele decretou o dogma da infalibilidade. Ainda hoje o papa é o único monarca absoluto do Ocidente que não está sujeito a nenhum juízo humano. No Oriente é o que acontece com o rei da Arábia Saudita. Felizmente, Francisco democratiza aos poucos a Igreja católica e não faz uso dessa prerrogativa. Segundo o dogma, o papa só é infalível em questões de fé e moral. O que não é confirmado pela própria história da Igreja. Como já disse, João Paulo II "fechou" o limbo que, desde a Idade Média, fazia parte da fé católica. Seria aquele lugar para o qual iriam as almas das crianças mortas antes de serem batizadas. Como fica a infalibilidade? Limbo, purgatório, céu e inferno eram, até então, consideradas verdades de fé. Como ainda o são céu, inferno e purgatório.

Portanto, é importante considerar o contexto histórico da proclamação do dogma, como o da Imaculada Conceição, que afirma que Maria, mãe de Jesus, nasceu sem pecado original — também proclamado por Pio IX em reação ao evolucionismo darwinista.

Há verdades de fé incontestáveis como, por exemplo, a ressurreição de Jesus. Aceitar isso é condição *sine qua non* para ser cristão. Não tenho nenhuma dificuldade em crer que Jesus era a presença de Deus entre nós. Porém, não concordo com a interpretação de que Deus mandou seu Filho para aplacar a ira divina contra o pecado humano. Por isso, o Filho teve que sofrer o diabo, como Mel Gibson retrata no filme dele sobre Jesus, mostrando um Deus que adora sangue! Isso é pura aplicação à teologia de normas jurídicas vigentes na época, como as leis do resgate, da expiação, do bode expiatório. Para mim, Jesus era um judeu lúcido que, ao criticar os desvios do judaísmo, criou uma dissidência. Ele foi extremamente coerente com a visão que tinha da tradição veterotestamentária. Jesus só teve plena consciência de que ele era o Cristo, o Messias, após a ressurreição. Antes, ele tinha fé como nós temos, inclusive teve crises de fé, e morreu com muito medo da morte, tanto que diz o Evangelho que ele chorou lágrimas de sangue.

HERÓDOTO: Já se falou que quanto mais nos aprofundamos na ciência mais nos tornamos religiosos.

Mas gostaria de saber se é possível budistas e católicos andarem na mesma estrada, ou em algumas estradas, juntos? Por exemplo, os budistas acreditam que a verdadeira natureza humana é sua natureza religiosa. Esse é o mesmo sentimento que os católicos têm, ou não?

FREI BETTO: É possível budistas, católicos e cristãos andarem na mesma estrada? Diria que não só budistas e cristãos podem andar na mesma estrada, como também ateus, comunistas, todas as pessoas que amam, independentemente se elas creem ou não em Deus. Porque a proposta principal do cristianismo é o amor. Quando, no capítulo 25 do Evangelho segundo Mateus perguntam a Jesus quem haverá de se salvar, ele não diz aqueles que creem ou que vão à missa. Ele diz: "Eu tive fome, me deste de comer; tive sede, me deste de beber etc.". Ou seja, todos aqueles que amam e praticam a justiça. Saem de si para o outro e, portanto, estão no caminho de Jesus, na mesma senda que os cristãos deveriam percorrer. E se os budistas são pessoas compassivas, misericordiosas, amorosas, isso significa que, aos olhos da fé cristã, eles vivem os valores pregados e encarnados por Jesus. As diferenças são de concepções, e isso não tem importância. No Evangelho, a gente se surpreende ao ler o encontro de Jesus com o centurião romano que o procurou, interessado na cura do servo dele. Aliás, é curioso, o centurião romano — e você, Heródoto, como historiador sabe disso — era o chefe de uma centúria, de uma guarnição de cem soldados, daí o nome "centurião". E era um oficial das tropas romanas de ocupação da Palestina, que poderia ter quantos servos quisesse. Então, é surpreendente que tenha ido ao encontro de Jesus pedir a cura de seu servo. Imagine, um oficial graduado preocupado com um servo! Primeiro, Jesus queria ir à casa dele, mas ele o impediu: "Não, senhor, não sou digno que entreis em minha casa". Há quem tire a ilação, sem nenhuma comprovação, de que o oficial e o servo formavam um casal. Por isso, o centurião não quis que Jesus fosse à casa dele. Jesus lhe disse: "A tua fé te salvou". Ora, o centurião era pagão, sequer tinha aderido ao judaísmo ou ao que Jesus pregava. A mesma coisa com a mulher fenícia, que estava com hemorragia e tentou, com dificuldade, se aproximar de Jesus. De repente, conseguiu tocar no manto dele. Ele sentiu um toque diferente, como se quisessem segurá-lo com firmeza. A mulher, que não era judia e pertencia a um povo politeísta, pediu para lhe falar. Jesus atendeu-a e, por fim, disse-lhe: "A tua fé te salvou". Acredito que, na concepção de Jesus, a fé é sempre a prática do amor, e não o conteúdo de uma determinada concepção religiosa que se possa ter na cabeça. Não sei se respondi a sua pergunta.

HERÓDOTO: Sim, respondeu.

FREI BETTO: Todos nós somos intrinsecamente religiosos. Posso canalizar a minha religiosidade para minha conta bancária ou a fazenda com os bois que ponho no pasto etc. Há muitas formas de idolatria, que é atribuir a uma coisa relativa um valor absoluto. Mas a nossa natureza é religiosa. Segundo a teologia cristã, a religiosidade é tão intrínseca ao ser humano quanto a sexualidade, o instinto de sobrevivência e de perpetuação.

HERÓDOTO: Outra questão que imagino que budistas e cristãos possam compartilhar é a defesa de que o objetivo primordial da ciência deve ser a felicidade humana. Os budistas acreditam que a ciência deve ter total liberdade para se desenvolver. Imagino que as religiões possam caminhar juntas na estrada do respeito à liberdade do espírito, respeito à razão, da tolerância a outras tradições.

FREI BETTO: Segundo Aristóteles — e isso foi abraçado por Tomás de Aquino, o grande divulgador de Aristóteles no Ocidente —, em tudo o que o ser humano faz, até quando pratica o mal, ele busca a própria felicidade, como já frisei. Isso é um princípio absoluto da filosofia, irrevogável. Mesmo Hitler, ao fazer o que fez, buscou a própria felicidade. Isso está no coração do ser humano, buscar a felicidade. O grande gesto do amor consiste em ser capaz de sacrificar a minha felicidade em função da felicidade alheia. Esse é o grande gesto amoroso.

Durante muito tempo, as religiões monitoraram as ciências. Na Antiguidade, a concepção que se tinha do mundo, do Universo, era toda fundada em conceitos religiosos. Houve muitos conflitos entre a Igreja católica e a ciência. O caso Galileu é um dos mais emblemáticos, como também o de meu confrade Giordano Bruno, por quem pedi ao papa Francisco, quando estive com ele, a 9 de abril de 2014, em Roma, que o reabilite, porque em 2016 a Ordem Dominicana completaria oitocentos anos. Gostaríamos que também fosse reabilitado o Mestre Eckhart, místico alemão do século XIII, que não está propriamente condenado, está censurado. Porém Giordano Bruno está condenado. E, hoje, as concepções que ele defendia são quase todas aceitas pela ciência.

Desde o Concílio do Vaticano II, a Igreja católica reconhece a autonomia da ciência. Assim como o budismo, a ciência é o reino da dúvida, tem sempre que perguntar. Não pode existir na ciência o dogma da imaculada concepção científica. A ciência está sempre evoluindo. Assim, a questão que a Igreja coloca não é limitar a investigação científica, é limitar o uso ético de determinados avanços científicos, como, por exemplo, a clonagem de vida animal, que pode efetivamente ser aplicada ao ser humano. Essa a restrição que a Igreja faz. O papa João Paulo II adotou oficialmente a concepção evolucionista do aparecimento do ser humano, e isso na semana em que os bispos argentinos decretavam que as escolas católicas daquele país deveriam abraçar a concepção criacionista... Imagine a cabeça dos bispos argentinos quando se surpreenderam com o papa dizendo o contrário. O criacionismo resulta da ignorância do texto bíblico, na medida em que nunca é literal, é metafórico, carregado de simbolismos, como a história da Chapeuzinho Vermelho, que tanto posso interpretar como sanguinária, pois o lobo come a avó e a neta, como posso interpretar como simbólica, cheia de significados de como as aparências enganam. Toda fábula, assim como todo texto bíblico, mesmo os textos teóricos, são polissêmicos. Um texto de Marx, lido na guerrilha da Colômbia, é completamente diferente da leitura que se faz na Sorbonne. Não há duas pessoas que leiam o mesmo texto da mesma maneira. Toda hermenêutica, que chamo de pretexto, decorre da leitura de um texto dentro de determinado contexto. E o meu contexto influi na leitura que faço do texto para tirar o pretexto. Isso vale para um texto budista. Seguramente a leitura que você faz aqui no Brasil, em São Paulo, não é a mesma de um monge tibetano, embora o texto seja o mesmo.

HERÓDOTO: Buda, entre tantas outras afirmações atribuídas a ele e reunidas no *Dhammapada*, diz que a essência humana é fundamentalmente conflitiva. A razão e a religião comandam as transformações que fazem com que esse conflito possa ser dirimido. Então eu pergunto: os católicos também acham que a existência humana é fundamentalmente conflitiva?

FREI BETTO: Quando vamos a uma livraria católica, encontramos uma seção de espiritualidade com cartazes, fotos belíssimas de um bosque, uma luz ao entardecer, o mar, uma praia meio deserta — tudo isso para simbolizar que a espiritualidade cristã traz paz e tranquilidade. E isso é o contrário dos Evangelhos. Ao abri-los, verificamos que a vida de Jesus foi uma pauleira, não só do início ao fim, como mesmo antes de ele nascer. O rei Herodes mandou trucidar todos os bebês em Belém, porque temia que um deles fosse o tal Messias esperado pelos judeus. José se sentiu traído e sofreu quando viu Maria grávida; quis abandoná-la; porém, diz o texto, um anjo apareceu e o tranquilizou. Quando José foi com Maria a Belém, terra de sua família, por causa do recenseamento decretado pelo Império Romano, o casal não foi aceito. Tanto que, nos limites da cidade, ocupou um pedaço de terra, onde Jesus nasceu — um curral, que chamamos de presépio. Brinco dizendo que o *Diário de Belém* deu em manchete, no dia seguinte: "Família de sem-terra invade propriedade privada". E o capataz deve ter ido lá falar com o Isaac, dono da terra, que reagiu: "Põe esse povo pra fora daqui, aos chutes, no chicote". E o capataz deve ter dito: "Não posso, patrão, a mulher está buchuda...". "Então deixa que ela dê à luz", consentiu o proprietário. Em seguida, a família — Jesus, Maria e José —, se exila no Egito; depois retorna à Palestina. Toda a vida de Jesus foi muito conflitiva. A espiritualidade de Jesus era a "espiritualidade no conflito", culminando com a morte na cruz, diante da mãe.

A Igreja nos passou essa ideia de que o bom cristão é aquele que está em paz, não se envolve em lutas, em conflitos. Ora, quem assume a mensagem de Jesus, ele próprio alertou, deve enfrentar perseguições e difamações. Esse é o caminho da cruz. "Bem-aventurados aqueles que têm sede e fome de justiça"; "Bem-aventurados os perseguidos por causa da justiça". É óbvio nos Evangelhos que o conflito é intrínseco à militância cristã.

HERÓDOTO: É exatamente essa a concepção de Buda. Além disso, ele diz que a introspecção é o ponto inicial da filosofia e uma condição básica para o desenvolvimento do espírito religioso. Ou seja, é preciso olhar para dentro de si. Esse é o primeiro passo no caminho da religião. A filosofia e a religião fazem parte da mesma ave. Sem uma delas o animal não voa. É o que chamo de "teoria da carroça", que aplicamos ao jornalismo. A carroça só avança com as duas rodas: isenção e interesse público. Como em qualquer outra religião, no budismo há datas comemorativas que tornam explícita a prática religiosa; o dia do aniversário de Buda, por exemplo, quando se dá banho de chá numa imagem, acende-se incenso, fazem-se processões em seu nome etc. Essa exteriorização é permitida? Sim, afinal há a liberdade das pessoas, seitas, escolas escolherem quais demonstrações querem praticar. Não há uma regra geral, assim como são as diferenças de comemoração do Natal entre católicos e ortodoxos. O homenageado é o mesmo. Buda lembra que o primeiro ato religioso é quando se é capaz de voltar-se para dentro de si; só depois é possível desenvolver o espírito de religiosidade.

Acontece o mesmo no catolicismo? Ou a busca por Jesus, por Deus, antecedem a religiosidade?

FREI BETTO: Não, aí tem uma pequena diferença: o primeiro ato evangélico não é necessariamente o primeiro ato religioso. O primeiro ato evangélico é amar o próximo, mesmo que a pessoa não tenha religião. Mas o primeiro ato religioso é justamente essa introspecção pela qual a gente adere à mensagem de Jesus. Santo Tomás diz que a fé é uma virtude da inteligência. Ou seja, o meu intelecto adere às verdades de fé proclamadas pela tradição da comunidade cristã; isso é o ato de fé. São Paulo diz que a fé entra pelos ouvidos, o que é evidente, porque se nós nunca escutamos a mensagem, não podemos aderir. Mas não quer dizer que uma pessoa introspectiva e meditativa seja discípula de Jesus. Ela só será discípula de Jesus se essa introspecção, meditação ou levitação levar à prática do amor. Fora disso é puro farisaísmo.

Agora gostaria de traçar outro paralelo entre o budismo e o cristianismo: você diz que o nascimento virginal de Sidarta Gautama, por um arcanjo, precede em 508 anos ao de Jesus por Maria. O budismo crê em anjos?

HERÓDOTO: Existe uma parte mítica da história de Buda que lembra um pouco o nascimento de Cristo, apesar de terem vivido em duas civilizações distintas. A mãe de Buda chamava-se Maya e era casada com Suddhodana, rei de Kapilavastu, onde Buda nasceu. Segundo a tradição do lugar, Maya era virgem quando deu à luz, como Maria. Ocorre que o Espírito Santo budista não era representado por uma pomba, e sim por um pequeno elefante, que teria entrado pelo lado esquerdo de Maya e a teria fecundado. Os astrólogos da época, os profetas, começaram a dizer que desse acontecimento nasceria alguém muito especial. No nono mês de gestação, porém, não houve nascimento. Buda teria vindo ao mundo no décimo mês. E imediatamente ficou de pé e percorreu os quatro pontos cardeais, fazendo suas indicações.

Obviamente há esta e muitas outras lendas sem comprovação histórica que envolvem a vida do fundador da religião. Em alguns textos ele é chamado de "senhor Buda", talvez uma influência das religiões ocidentais. Por isso escrevi um livro com o título de *Buda: o mito e a realidade*, onde procuro explicar a separação entre uma coisa e outra.

FREI BETTO: Interessante. A mãe do Messias, como a de Buda, foi fecundada pelo Espírito de Deus, representado, no caso de Maria, pelo anjo, e no caso de Maya, pelo elefante. Quem conhece a história da literatura sabe que há muito plágio, não necessariamente no sentido literal, mas no sentido de que um escritor se inspira em coisas que já leu. E Buda e Moisés foram criados em palácios! É interessante como os dois, já adultos, saem para libertar seu povo e abandonam a vida de fausto para poder realizar a missão deles.

HERÓDOTO: Lendas semelhantes a essa sobre o nascimento do Buda foram contadas sobre outros personagens da história antiga; por exemplo, os fundadores míticos de Roma, Rômulo e Remo, cuja mãe, Rhea

Silvia, também era virgem e teria sido fecundada por um deus. Outro exemplo: Alexandre Magno dizia que seu pai não era Filipe da Macedônia, e sim um dos deuses do Olimpo. Por esse motivo estava com o rosto sempre barbeado, para que ele nunca envelhecesse — afinal um semideus permanece sempre jovem. Em nenhuma de suas representações Buda é mostrado velho, mesmo nas estátuas que simulam sua morte, como as que estão em Bangcoc ou em Rangum.

Há outros mitos que foram sendo acrescentados à vida de Buda na medida em que o budismo foi se transformando em uma religião propriamente dita, com uma estrutura, se desenvolvendo em várias regiões, sobretudo no Sudeste Asiático. Ainda assim, Buda não fazia milagres, como já disse; não se criou um Buda capaz de salvar as pessoas. De todo modo, ele teve uma comunidade em torno de si que o acompanhava aonde quer que fosse, assim como Cristo teve. E ele fazia suas pregações. Houve mesmo quem entendesse que são Josafá, partidário do ecumenismo, era a representação de Buda no mundo cristão. Essa crença veio principalmente de São João de Acre, um dos pontos terminais da rota da seda, originária da China e do Japão. Daí o sincretismo. Curiosamente o símbolo da divindade no cristianismo é a auréola, uma simbologia com origem hindu. O próprio Buda, assim como Cristo, é representado com ela, e também os santos católicos e os bodisatvas budistas. (É importante dizer que o bodisatva não é um santo.)

FREI BETTO: Quando o budismo se tornou de fato uma religião?

HERÓDOTO: Levou muito tempo até que o budismo começasse a se estruturar como religião. Entre seus seguidores, destacou-se o monge Shariputra, que conviveu com o mestre e é para o budismo o que o são Paulo é para o catolicismo; foi ele, com mais dois ou três, que reuniu as palavras de Buda. Chegou a ser considerado seu sucessor, mas morreu um pouco antes de Buda. Houve cismas e o nascimento das duas grandes escolas, a Mahayana e a Hinayana. O segundo concílio budista só ocorreu cerca de duzentos anos depois da morte de Buda. Alguns queriam transformá-lo em um santo, com poderes supranormais, porém prevaleceu a noção de que Buda tinha sido um ser humano que alcançou o estado de iluminação, que poderia ser alcançado por todos os seres humanos.

FREI BETTO: Quando um corpo não pode mais funcionar, suas energias não morrem com ele, continuam a existir sob alguma forma que o budismo chama de "outra vida". O que é essa "outra vida", se não há nada e tudo é mera projeção de nossa mente?

HERÓDOTO: Essa outra vida é a qualidade da energia que volta para o vazio e fica aguardando uma oportunidade de se transformar outra vez num ser humano. Sou grato aos meus pais não apenas porque cuidaram de mim, mas também porque me deram a oportunidade de eu tomar essa forma, para que, durante uma vida, eu possa de novo tentar me iluminar e assim interromper o ciclo de nascimento e morte.

FREI BETTO: Você escreve também que Sidarta, ao tornar-se Buda, rompeu com o ciclo de nascimento e morte. O que significa essa ruptura? Pois sabemos que, de fato, ele morreu.

HERÓDOTO: Isso é o que todos os budistas almejam. Se eu não romper com o ciclo de nascimento e morte, vou morrer, certamente, mas vou renascer, e depois renascer, e depois renascer novamente. Toda vez que renascer, volto ao mundo do conflito. Só quando me torno um buda, um desperto, e sou capaz de enxergar o que Sidarta ensinou, consigo abandonar o ciclo de nascimento e morte. Vivemos no mundo do Samsara; eu mesmo vaguei por muitos nascimentos, que são sem dúvida passagens cheias de sofrimentos. Para pôr um ponto final nessa roda, só alcançando a condição de buda, aberta a qualquer um que se ilumine, isto é, que se encontre com seu verdadeiro eu.

FREI BETTO: E ao alcançar essa condição, para onde se vai?

HERÓDOTO: Para o vazio.

FREI BETTO: Esse vazio é o Nirvana?

HERÓDOTO: Sim, o Nirvana é o vazio.

FREI BETTO: É o céu budista, que não tem nada.

HERÓDOTO: Absolutamente nada.

FREI BETTO: Pelo menos o céu cristão é mais interessante...

HERÓDOTO: Ah, mas o céu islâmico é muito mais animado que o cristão. O céu budista não existe. Nem o paraíso. Portanto ninguém é recompensado por trilhar o caminho óctuplo de agir corretamente. O que existe é o cessar do ciclo de nascimento e renascimento.

FREI BETTO: Como já disse, não creio em reencarnação, mas há muita gente que, diante da perspectiva da morte, gostaria de voltar, e crê piamente que isso é possível. Será que alguns budistas não pensam "que bom ser budista, porque, pelo menos, a morte não é eterna, sei que retornarei"? Como crê o espiritismo.

HERÓDOTO: Para voltar à vida, a pessoa não precisa ser budista. Todos os serem humanos voltam. Todos aqueles que ainda não atingiram a iluminação terão que voltar. Muitas pessoas se iluminam, ainda que não sejam budistas, como madre Teresa de Calcutá e outros tantos exemplos. A iluminação não é monopólio do budismo; é, antes, um atributo do ser humano, de qualquer ser humano, de qualquer lugar, de qualquer cultura. No momento em que me ilumino, interrompo o ciclo de nascimento e morte. Porque neste mundo de conflito o budismo parte do seguinte princípio: viver dói, a mente cria mecanismos de dor, como as sensações de apego, e isso destrói minha paz. Aliás, essa foi a primeira conclusão a que Buda chegou.

FREI BETTO: Assim como Buda, Jesus também passou por tentações. Como é a história da tentação do Buda?

HERÓDOTO: A tentação pela qual passou Buda é outro episódio místico, como foi seu nascimento. O mundo cotidiano era representado por um deus hindu, Mara, que simbolizava o prazer, a sacanagem, a riqueza, enfim. Quando Buda se sentou debaixo da Árvore Bô para meditar, Mara teria aparecido e começado a fazer as ofertas: "Levante daí que vou te dar um elefante novo", "Olhe, vou te dar um harém maravilhoso, com as mulheres mais bonitas que existem", e ele continuou lá, sentado. Ou seja, as tentações de Mara não surgiram quando Sidarta vivia naquele fausto do palácio, onde tinha tudo, ou quando quase morreu de fome. O budismo ensina que não existe medo para aquele que despertou, para aquele cuja mente não está dominada por Mara. A mente sã e corajosa é aquela que não está embriagada pelo poder, pela luxúria, pela arrogância, nem aflita pelo ódio.

Talvez essas tentações tenham sido um pouco diferentes das sofridas por Cristo no deserto.

FREI BETTO: O ter, o prazer e o poder. As três grandes tentações. Curioso é que no Antigo Testamento o demônio é um substantivo, e não um nome próprio. Com o tempo é que virou nome próprio. Não creio em demônios, penso que Deus não tem concorrentes. O demônio é um resquício da concepção religiosa dualista, de que há uma luta entre o bem e o mal.

HERÓDOTO: Que provavelmente vem lá do zoroastrismo.

FREI BETTO: Exatamente. E a religião persa teve muita influência nos autores bíblicos, pois não podemos esquecer que a Pérsia dominou os hebreus durante muito tempo. A ponto de os hebreus exaltarem Ciro, que os libertou do cativeiro na Babilônia, como quase um messias. E depois os hebreus viveram dois séculos sob o reinado persa, especialmente o de Dario. De fato, o dualismo vem do zoroastrismo. É muito interessante estudar a história da literatura comparada das religiões, descobrem-se muitas semelhanças.

E como os adeptos do budismo lidam com as dificuldades da vida cotidiana?

HERÓDOTO: Todos os fenômenos estão em constante mudança e a vida é um fluxo contínuo. Quando digo "as coisas são impermanentes" significa que não sou capaz de impedir que elas mudem. Então é como se a sociedade estivesse constantemente mudando, tudo está em constante mudança. E muitas vezes eu, apenas orientado pelos meus sentidos, acredito que não. Acredito que as coisas podem ser paradas. Ou seja, quando tudo está indo bem, gostaria que o momento fosse congelado. Mas o fluxo continua. Isso é fundamental para que as pessoas possam entender a grandiosidade da vida; a vida é feita da alternância entre situações boas e ruins, sem que por isso as pessoas precisem se desesperar. O Universo está mudando, as coisas estão mudando, e eu tenho que estar preparado para essas mudanças. Preparo-me através da meditação e da compreensão dessas mudanças. Temos medo da mudança, do desconhecido.

FREI BETTO: É verdade. Há, no cristianismo, várias concepções que se chocam. A minha concepção, a concepção da Teologia da Libertação, é de que a vida é um conflito permanente, e tudo está em mutação. No estudo que fiz da evolução do Universo, que está no livro *A obra do artista*, lembro que essa cadeira é um amontoado de moléculas. Tudo é energia condensada. Essa madeira um dia vai apodrecer, virar outra coisa. As nossas células, agora, não são as mesmas de sete anos atrás, embora o DNA tenha preservado, mais ou menos, o mesmo desenho da nossa fisionomia, do nosso corpo. O cabelo cai, a unha cresce, tudo muda. A gente tem essa concepção. Mas há cristãos que enquadram essa concepção no fatalismo. Tudo é vontade de Deus. Não, nem tudo é vontade de Deus. Deus é Pai, mas não é paternalista. Ele nos criou e "descansou no sétimo dia". Isso significa que a obra da Criação nos foi entregue, agora cabe a nós cuidar dela. Portanto, as injustiças, as mazelas que há no mundo, são culpa nossa, não de Deus. É culpa nossa porque cruzamos os braços. Mas na concepção fatalista não adianta eu querer intervir na história humana, porque já está tudo previsto por Deus. É assim inclusive naquela concepção, que nunca aceitei, de que a redenção de Jesus é um grande teatro. O Pai, Javé, ofendido pelo pecado humano, exigiu remissão. Isso decorre da visão jurídica da época dos romanos. Monges na Idade Média se ofereciam para livrar alguém da escravidão em mãos dos muçulmanos. Ora, um Deus que manda o Filho para sofrer é um Deus sanguinário, um Deus no qual não acredito. Haveria então um teatro: enviar o Filho, porque o ser humano não é capaz de reparar a ofensa a Deus. Só o próprio Deus pode fazê-lo. Assim, o Filho veio para sofrer muito na cruz, derramar muito sangue, e esse sangue aplacou a ira do Pai. Como já disse, essa concepção, típica de Mel Gibson no filme *A paixão de Cristo*, muitos cristãos rejeitam. Há, porém, aqueles que pensam que todos os acontecimentos já estão previstos em algum plano divino, e não adianta agirmos.

Ora, se Deus é amor, tem que haver liberdade. O árabe da Arábia Saudita pode obrigar a filha a casar com o vizinho, mas não obrigá-la a amar o vizinho. Então, Deus é amor, e temos liberdade inclusive de rejeitá-lo e ofendê-lo. Se nascêssemos programados para o bem, não existiria Deus. Só concebo Deus como amor, como está nas Cartas de João e na boca de Jesus. O amor supõe liberdade até de rejeição. Não pode haver determinismo.

HERÓDOTO: Isso me faz voltar ao *Dhammapada*: "Mara nunca consegue atravessar o caminho de quem é verdadeiramente virtuoso, de quem persevera diligentemente e que se liberta pelo conhecimento perfeito". Posso entender — os budistas pelo menos entendem assim — que cada momento da vida é único e sagrado e nunca mais vai se repetir. Não consigo resgatar aquilo que passou. Tenho que estar atento àquilo que está acontecendo agora, neste momento, para assim poder usufruir dele da melhor maneira possível, e considerá-lo como um instante sagrado.

FREI BETTO: Cada momento é um momento sagrado. É aqui e agora que a gente — para usar um termo tradicional — se santifica. Naquilo que faço aqui e agora.

E por falar em temporalidades: você foi estudar história depois de se tornar budista?

HERÓDOTO: Simultaneamente.

FREI BETTO: O historiador é aquele que resgata o passado. Como isso se combina na sua cabeça?

HERÓDOTO: A profissão do historiador é recuperar o passado, não para fazer com que ele reviva, mas para que se possa entender exatamente o que aconteceu e como os fatos ocorridos influenciam o presente. A história é feita de releituras: alguém leu sobre a vinda da Família Real portuguesa ao Brasil no século XIX; depois disso, outros historiadores revisitaram os mesmos documentos e situações e escreveram coisas diferentes a respeito do mesmo fato. Toda história é história contemporânea, declarou [Benedetto] Croce [1866-1952, historiador e filósofo]. O passado que o historiador estuda não está morto. O historiador pertence não ao passado, mas ao presente. A função do historiador não é amar o passado ou emancipar-se do passado, mas dominá-lo e entendê-lo como a chave para a compreensão do presente.

FREI BETTO: Isso vem de uma experiência que você teve com a figura de Stálin, ao visitar um museu dedicado a ele na Geórgia, não é?

HERÓDOTO: Exatamente. Então não se trata de tentar reviver o passado, e sim de transformá-lo em cultura, para que as pessoas entendam por que estamos aqui, como viemos parar aqui e por que chegamos deste jeito. Não há, portanto, conflito com o budismo. O budismo é o dia a dia, é o cotidiano, não é a história, nem a geografia; ele é a soma de tudo isso.

Afinal o que é história? Constitui-se de um processo contínuo de interação entre o historiador e os fatos, um diálogo interminável entre o presente e o passado. Nenhum homem é uma ilha em sua totalidade, segundo a famosa frase de [John] Donne [1572-1631, poeta]: Cada homem é um pedaço do continente, uma parte do principal. Todo ser humano, em qualquer estágio da história ou da pré-história, nasce numa sociedade e, desde seus primeiros anos, é moldado por essa sociedade. Isso vale tanto para Buda como para nós dois.

FREI BETTO: Você afirma que acabar com o sofrimento é o objetivo final da doutrina. Ora, Jesus combateu a ideia de que o sofrimento decorre do pecado. Por que sofremos? O sofrimento é só pessoal ou também estrutural? Como combatê-lo?

HERÓDOTO: No pensamento budista, o sofrimento número um é o nascimento. A partir daí a vida nos oferece uma infinidade deles. Aliás, essa foi a primeira concepção a que Buda chegou, para então desenvolver sua religiosidade, sua espiritualidade, em cima de questões existenciais. Não sei quanto a Cristo, mas para Buda o sofrimento era uma questão existencial. Por que sofro? Tenho dinheiro, vivo num palácio, tenho tudo, e não sou feliz. Qual é a razão? Ele foi procurar a razão. Muitos de nós nos deparamos com problema parecido. Às vezes dá na mesma viver em uma favela ou em um palácio: somos igualmente infelizes. Como seres humanos comuns, não estamos totalmente despertos porque nossos pensamentos e comportamento estão condicionados pela ignorância, pelo engano e pela falta de discernimento, ou seja, tudo o que está na origem da infelicidade. Normalmente achamos que nossa felicidade depende de circunstâncias e situações externas.

E mais: a emoção é sofrimento. Segundo Buda, não há emoção que não traga sua antítese simultânea. A visão budista da realidade é uma visão dialética. As teses e antíteses são da mesma natureza. Então posso estar muito feliz aqui, tomando um vinho, muito contente, mas na hora em que eu encher a cara, tudo vira infelicidade. Coisas assim estão unidas como se fossem as duas faces da mesma moeda. Acontece o mesmo nas relações dos seres humanos. Se considerarmos apenas a felicidade, fica tudo lindo, mas Buda diz que isso é impossível, porque se trata de uma tese e uma antítese — aliás, o pensamento dialético no Oriente é muito mais antigo do que na Grécia, e depois com Hegel e tudo mais.

FREI BETTO: Não necessariamente antagônico, dualista, embora o dualismo também tenha influído muito na Antiguidade. Ainda hoje tem gente dualista que pensa que é dialético. Até certa visão do marxismo se deixou influenciar ao julgar que todos os ricos são maus, injustos.

HERÓDOTO: Engels era rico e não era mau.

FREI BETTO: Engels era empresário de manufaturas em Manchester. Tem muita gente que é pobre e é má, e tem muita gente que é rica e é boa. Não podemos cair no dualismo, há que ser realmente dialético.

Você afirma que a vacuidade é a verdadeira essência dos homens, da natureza e do Universo. O que é a vacuidade?

HERÓDOTO: Buda disse que não há essência ou realidade a ser encontrada no mundo ou na natureza do eu; trata-se de construções metafísicas, ficções criadas pela mente, mas não disponíveis à experiência humana.

É o princípio do vazio. Trata-se de um princípio inenarrável, indefinível, não é possível retratá-lo. É como o Nirvana, que não é possível ser retratado ou definido. Por esse motivo é que, no Oriente, se diz o seguinte: se você encontrar um Buda na estrada, mate-o. Ou seja, aquele que se tornou Buda não vai conseguir dizer como é ser um Buda, porque é uma experiência única, só ele a tem e ela não é transmissível através da fala. Esse é o princípio da vacuidade. Um buda pode ser percebido por suas atitudes e não pelo que fala a respeito de si.

FREI BETTO: Na sua experiência como budista, você já encontrou alguém que dissesse "este homem ou esta mulher é um Buda"?

HERÓDOTO: Não, ainda não. Já percorri vários países budistas e o que notei foi que, em alguns deles, o budismo adquiriu um aspecto devocional, como outras religiões. Mas isso não foi criação de Buda. Contudo, conforme a religião se estruturou, em alguns lugares se associou ao Estado, aos proprietários de terra, apoiou senhores feudais... É o budismo das procissões, dos templos, o budismo no qual os monges não trabalham, não fazem nada, e as pessoas levam as oferendas para alimentá-los. Eles se institucionalizaram como dependentes da sociedade em que estão. O Tibete com o seu feudalismo. E até hoje, se você for a uma cidade extremamente capitalista como Bangcoc, vai encontrar, na porta de um templo, tudo que se possa vender para levar para Buda. Você compra cinco quilos de arroz, cinco de feijão, cinco de farinha e entra no templo com tudo isso, como forma de oferenda. Ou seja, no momento em que o budismo se institucionaliza, perde seu caráter original, perde-se o caminho que Buda indicou.

FREI BETTO: Os monges trabalham? Vivem de que os mosteiros?

HERÓDOTO: De doações.

FREI BETTO: Os monges fazem o quê?

HERÓDOTO: Bem, eles varrem o chão, tocam o sino. Há mosteiros em que os monges copilam textos antigos, dão aulas de budismo, ensinam a doutrina, o dharma, e fazem trabalho artesanal. Em outros, os monges viajam de avião, frequentam aeroportos, dão palestras em encontros corporativos e religiosos, enfim, não estão dissociados do mundo contemporâneo. Cada um escolhe o que mais gosta de fazer para contribuir com a felicidade de todos e na propagação dos fundamentos da religião. Lembro, mais uma vez, que não há proselitismo.

FREI BETTO: Nesse ponto acho que a Igreja católica é mais sábia, porque os monges trabalham, principalmente hoje em dia, pois quase não há mais doação. Antigamente, quando havia uma predominância do catolicismo na sociedade, a Igreja recebia muitas doações, mas hoje quem não trabalha, não come. De fato, há quem exagere, monta empresas, e o padre torna-se mais empresário que missionário da mensagem de Jesus.

HERÓDOTO: Há alguns trabalhos feitos pelos monges de determinados templos budistas, por exemplo, no Japão: quando alguém morre, mandam chamar o monge para fazer um tratamento fúnebre. Mas não é um tratamento esotérico; trata-se apenas de arrumar o corpo, deixar a pessoa em condições, digamos, aceitáveis pela família. E então todos rezam sutras e o corpo é cremado imediatamente.

FREI BETTO: Como já contei, na China, fui a um mosteiro no qual os monges budistas exploravam um restaurante vegetariano, aberto a turistas.

HERÓDOTO: Aqui em São Paulo tem o templo Zu Lai, na rodovia Raposo Tavares, também tem restaurante, biblioteca, livraria, várias coisas que o templo explora para poder se manter. Algumas escolas, com seus templos e santuários, estão bastante integradas na vida contemporânea. Outras têm templos isolados no Himalaia, nas plantações de chá do Sri Lanka ou na Mata Atlântica brasileira.

FREI BETTO: Talvez o governo chinês não permita que vivam de doações.

HERÓDOTO: O templo em São Paulo é de origem taiwanesa.

FREI BETTO: Buda transvivenciou aos oitenta anos. Não subiu ao céu, mas se juntou a milhares de outros budas que existem neste e em outros universos. Que universos são esses? Isso não é uma transcendência?

HERÓDOTO: Quando falamos em Buda, lembramos da figura do Sidarta Gautama, que foi, digamos, o último buda. Isso não quer dizer que outros não possam ter surgido, sem que ficássemos sabendo. Fala-se da existência de um outro buda, o Maitreya — depois do Sidarta viria o Maitreya. Mas até agora não se sabe da presença dele. Ocorre que dentro dessa concepção do vazio, uma tradição hinduísta diz que existem muitos céus, muitas etapas desse vazio, e que os budas estão lá. Mas, por terem se iluminado, não vão mais reencarnar.

FREI BETTO: É uma forma de transcendência?

HERÓDOTO: De transcendência para outra vida?

FREI BETTO: Sim, de que há algo além desse Universo tal como a ciência o conhece.

HERÓDOTO: Quando voltamos para o vazio, deixamos de existir. Aí você vai dizer: "Bom, mas no vazio estão milhares de budas, e nenhum deles existe?". Ou seja, milhares de pessoas conseguiram se tornar buda, mas elas deixam de existir, uma vez que voltam ao vazio. A verdade relativa refere-se a uma percepção do mundo empírico como ele existe.

A verdade suprema refere-se à percepção da suprema realidade como vazio, por meio de compreensão intuitiva, discernimento e sabedoria. Por isso compreendo a morte como uma volta, e não como uma partida. Voltamos de onde viemos, do vazio.

FREI BETTO: É muito interessante isso que você diz, porque é exatamente o oposto do pouco que conheço de outras tradições religiosas. Algumas afirmam que a vida obedece a um ciclo de reencarnação. E, para vocês budistas, a vida é um ciclo de reencarnação, mas em busca de um mergulho total no vazio.

HERÓDOTO: Em busca de um ponto final, exatamente. Se as coisas tivessem algum tipo de essência ou substância permanente, precisaríamos ter o conceito de um modo estático. Mas o mundo é dinâmico. O vazio não faz com que as coisas existam, mas, tal qual o espaço, permite que elas venham a existir. Graças ao espaço, as coisas podem vir a existir. De forma semelhante, o vazio permite que as coisas adquiram existência.

FREI BETTO: E esse vazio não tem o caráter de transcendência.

HERÓDOTO: Não.

FREI BETTO: Qual a diferença entre mente ilusória e mente búdica?

HERÓDOTO: A mente ilusória é a mente do cotidiano, aquela na qual formamos nossas concepções através dos sentidos. A visão, o olfato, a audição, enfim, recebem todas as informações do meio ambiente e alimentam a minha mente do cotidiano. Ocorre que o budismo acredita que, além desta, temos outra mente, aquela que passa a funcionar no momento em que consigo dominar a mente dos sentidos. É através desta que passo a ter uma visão diferente das coisas. É o que chamamos de visão correta ou meditação. Trata-se de um método para fazer com que essa segunda mente se expanda, que passe a comandar e comece a me mostrar coisas que eu não sabia. É muito comum que, antes de tomar certas atitudes e decisões na vida, façamos um pouco de meditação, não apenas para nos acalmar, mas também para permitir que haja determinados insights sobre aquilo que se quer resolver. O insight vem dessa outra mente.

FREI BETTO: O insight vem da mente búdica?

HERÓDOTO: Exato, vem da mente búdica, e quanto mais você consegue dominar a mente dos sentidos, mais a búdica se manifesta.

FREI BETTO: Isso tem a ver também com a espiritualidade tomista. Segundo Aristóteles, somos a junção de três esferas: a espiritual, a sensitiva e a racional. Quanto mais asfixiamos duas, mais exacerbamos a terceira. Uma pessoa extremamente sensitiva, gananciosa, cheia de luxúrias, tende a ser uma pessoa atrofiada em suas esferas espiritual e racional. Um erudito acadêmico, como encontramos em universidades, possivelmente atrofiou a sua vida espiritual e a sua esfera sensitiva. Mas um monge, um buda, um místico, é alguém que atrofiou um pouco o racional e o sensitivo para exaltar e exacerbar o espiritual.

HERÓDOTO: Sim, mas Buda também lembra que o processo meditativo não é um isolamento da sociedade, que os deveres do indivíduo com a sociedade continuam, que temos o dever de ajudar, de participar. A meditação formal é uma jornada solitária na qual enfrentamos nossos próprios demônios interiores e tentamos controlar e desenvolver a compreensão de nossas próprias forças e estados psíquicos variados, o que pode então levar ao desenvolvimento da sabedoria. Meditação e atividade andam lado a lado, de modo que não há como ter compaixão genuína sem sabedoria.

FREI BETTO: Sim, a oração não pode ser uma luxúria espiritual. Ela é um momento de parar no posto de gasolina para, em seguida, retomar a estrada da vida — é aqui que Jesus nos quer, lutando por isso que ele chamou de Reino de Deus, quer dizer, a mudança total dessa realidade de injustiça, opressão e desigualdade. Mas de vez em quando é preciso parar no posto, se abastecer, senão o combustível acaba. O combustível é a vida espiritual, que se alimenta na oração.

Minha melhor maneira de orar é meditar. Já não faço distinção entre oração e meditação, embora existam outras formas de oração, como a liturgia, a celebração da missa, o ofício divino, como temos no convento, em que, todas as manhãs, os frades se reúnem na capela para rezar os salmos. Existem muitas formas de oração, mas a que mais me convém, pela experiência de vida, e que faço há cinquenta anos, é a meditação. Realmente nela me encontro mais comigo mesmo. Segundo Santo Tomás de Aquino, quando me encontro comigo mesmo, me encontro com um "Eu" que não sou "eu" e, no entanto, funda a minha verdadeira identidade.

HERÓDOTO: Toda essa sequência que você explicou também existe nos templos budistas: orações coletivas, trabalhos coletivos. Mas o foco central é a meditação. E também as conversas com os mestres, para que delas possamos ter insights.

Imagine um mestre contando a seu discípulo a seguinte história: na Índia, um homem andava em uma estrada no meio de um trigal. O caminho era muito monótono, só se via trigo amarelo de ambos os lados. A certa altura, ele vê no topo do morro um grande tigre. O tigre, por sua vez, o avista e começa a correr em sua direção. Ele não tem dúvida e começa a fugir. Chega a um grande abismo e, para escapar do tigre, começa a se esgueirar pelo abismo. Vê uma raiz, se segura nela e fica pendurado. E o tigre ali em cima. Então ele avalia a situação e pensa em como conseguirá descer. Olha para baixo e ali vê a toca do tigre, onde estava a tigresa com os tigrinhos. Dali a pouco aparecem dois ratos, um branco e um preto, e começam a roer a raiz na qual ele estava pendurado. Ele olha para um lado, olha para o outro, e vê um pé de morangos silvestres ao alcance das mãos. Resolve comê-los e os acha deliciosos.

FREI BETTO: Como é a interpretação disso?

HERÓDOTO: O momento presente. Você pode ter uma sensação maravilhosa agora, neste instante. Na verdade, os ratos preto e branco são os dias e as noites em que todos estamos pendurados. Por que vou ficar preocupado se não posso fazer nada? Esta história é um koan. Existem muitos outros compilados em livros que retratam situações que provocam uma profunda reflexão. Para alguns, é esse o insight da iluminação.

FREI BETTO: Se você não pode fazer nada, então curta o morango. É ótimo isso.

Você escreveu, Heródoto: "O homem evolui um a um, por isso é preciso que cada um se esforce por si só". Mas o contexto não interfere? Uma sociedade bem estruturada, justa, não facilitaria? Qual a dimensão social do budismo?

HERÓDOTO: Quando dizemos que as pessoas estão sozinhas, não queremos dizer socialmente; estamos falando da questão espiritual. Então você dirá: "Quem pode me ajudar a progredir na senda do budismo?". Você pode ler alguns textos, pode encontrar um mestre que te auxilie a caminhar, mas o esforço é pessoal. E "esforço pessoal" significa passar pelo doloroso processo de dominar a mente. Quando se faz um retiro, depois de três dias dá vontade de sair correndo, dói tudo. É algo fundamentalmente ligado às questões pessoais. O máximo que posso dizer a você é o que Buda disse: Experimente. Não adianta eu te dizer quais são as sensações ou como fazer uma meditação se você não sentar e não fizer.

Por outro lado, existe, sim, o comprometimento social no budismo, associado a uma palavra de origem sânscrita, *ahimsa*, que é o princípio da não violência. Toda a religião está estabelecida em cima desse conceito. Voltando à comparação entre as religiões, você verá que os budistas nunca se envolveram em batalhas, massacres. Recentemente houve um problema em Myanmar, expulsaram muçulmanos de lá. Até falei sobre isso na TV. Mas é algo raríssimo de acontecer, porque o princípio fundamental é o do pacifismo. Os preceitos morais tampouco devem ser seguidos por medo de punição ou esperança de recompensa: devem ser observados visando a realeza, a bem-aventurança celeste; nunca por medo do inferno, medo do renascimento como animal. A ética e os preceitos morais devem ser observados para se alcançar a iluminação e trazer felicidade ou proveito a todos os seres. A questão social, no budismo, está intrinsecamente ligada à paz.

FREI BETTO: A partir do Concílio do Vaticano II, no início da década de 1960, o catolicismo avançou muito nessa ideia de que todas as religiões têm sementes do Evangelho. Um exemplo: antigamente, os missionários que trabalhavam no Brasil iam às tribos tentar convencer os indígenas a abandonar suas concepções e práticas religiosas para aderirem à Igreja. Há o caso do missionário que, no início do século XX, chegou em uma tribo no Amazonas que adotava o ritual de evocar os deuses através do toque de uma flauta. Nesse momento, crianças e mulheres ficavam dentro da maloca, não podiam permanecer na praça da aldeia, o que era facultado só aos homens. Então, o xamã tocava a flauta para evocar os deuses. O padre estava acolitado por soldados do Exército, porque tinha medo de ataques indígenas. Diante de mulheres e crianças, entrou na cabana onde guardavam a flauta, trouxe-a para o meio da taba e quebrou o instrumento. Em seguida, pregou a santa eucaristia, celebrou a missa etc. Fica a pergunta: o que impede aqueles índios de chegarem aqui na praça da Sé, entrarem na catedral, abrirem o sacrário e partirem hóstia por hóstia? Basta que os índios cheguem sob a proteção do Exército, com o uso da força... Isso, hoje, é abominado, a ponto de a Igreja, que trabalha com o movimento indígena através do Cimi [Conselho Indianista Missionário], colaborar para que eles resgatem suas tradições religiosas, e não para que se tornem cristãos. Isso é um avanço considerável. O importante — e essa concepção felizmente ganha cada vez mais espaço na Igreja católica —, é a prática dos preceitos de Jesus, e não crer nesses preceitos ou celebrá-los tal como a Igreja prescreve. É importante respeitar as crenças alheias, sempre enfatizando a centralidade do amor.

Havia aqui um frade, frei Gil, já falecido, que estudou filosofia na Sorbonne e, depois, fez a opção de trabalhar com os índios. Os dominicanos chegaram no Brasil no fim do século XIX, e o primeiro campo de trabalho nosso foi o mundo indígena. Começamos pelo Sul do Pará. Conceição do Araguaia é uma cidade fundada pelos dominicanos. Enfim, tivemos basicamente três grandes fases: a indígena, a estudantil (JEC, JUC, nos anos 1950-60) e a dos movimentos sociais. E atuamos bastante na mídia. Fundamos o jornal *Brasil Urgente*, e vários dominicanos trabalharam, como faço, em veículos de comunicação. Frei Gil foi trabalhar no Xingu. E no Xingu, como ainda ocorre em algumas comunidades indígenas tribalizadas, havia a ideia de que o segundo gêmeo a ser parido era a tentativa de o espírito do mal de se introduzir na tribo. Então, o bebê tinha que ser morto pela própria mãe, que o asfixiava. E a mãe fazia isso tranquila, porque o nascimento era de um; se vem outro é porque o espírito tenta invadir a tribo. Frei Gil, nos vinte anos de convivência no Xingu, conseguiu reverter a questão da morte do segundo gêmeo. Perguntei como era no início, e ele disse que era preciso respeitar, porque se interviesse seria um ato de agressão, e ele seria repudiado. Era uma questão pedagógica. Teve que respeitar, até que um dia os índios se convenceram de que aquela crença não procedia.

HERÓDOTO: Uma grande contribuição, um gesto budista...

FREI BETTO: Quem segue o caminho da acumulação dificilmente vai bem no caminho do meio. Você escreve isso. Explique o significado, por favor.

HERÓDOTO: O caminho da acumulação, todos sabemos, é o caminho da riqueza, trilhado por pessoas que só pensam em enriquecer e estão sempre procurando por dinheiro. Buda diz que quanto mais temos, mais sofremos.

O caminho do meio é termos as coisas de que precisamos para uma vida razoável. Devemos cultivar a frugalidade. Certa vez um monge queria fundar um templo e conversou com um homem muito rico. "O senhor não poderia dar um pouco de dinheiro para a fundação?" O homem deu o dinheiro e o templo foi construído. Depois do local estar pronto, o comerciante rico voltou e disse: "Eu lhe dei o dinheiro, você construiu o templo. Não vai me agradecer?". O monge respondeu: "Não. Você é que tem que me agradecer por eu ter recebido seu dinheiro".

Alguns ficam desesperados porque as coisas perecem, a fortuna acumulada se esvai. Precisamos alcançar essa percepção, porque estamos em busca da felicidade verdadeira, duradoura e permanente. Em geral achamos que podemos obter esse tipo de felicidade nos agarrando a coisas que, pela própria natureza, são voláteis; e isso não quer dizer que o budismo seja contra experiências de felicidade ou prazer temporários. Mas devemos perceber que são passageiras, já que tudo que se obtém na vida também se pode perder. Repito: acumular é sofrer.

FREI BETTO: Até onde vai esse desprendimento?

HERÓDOTO: Vou responder com outra história: imagine, agora, uma pequena aldeia. O líder e toda a comitiva da aldeia vão em direção à casa de um monge. Chegando lá, começam a gritar, e o monge aparece. Dentre as pessoas presentes, havia uma jovem com o filho no colo. O líder diz: "Esta mulher está dizendo que o senhor é o pai desta criança. Então o senhor vai ter que criá-la". Deixaram o bebê aos pés dele e foram embora. Dois anos depois, a moça se arrependeu e quis a criança de volta, revelando toda a verdade ao líder da aldeia. Ele volta na casa do monge e diz: "Viemos te pedir perdão". E pergunta se o monge poderia devolver a criança. O monge a devolve e vira as costas. Ele sabia que não era o pai, podia ter se defendido na ocasião, e quando teve que devolver a criança, o fez porque não havia se apegado a ela. Ele praticou dois princípios do budismo ao mesmo tempo, era um sábio, estava isolado, meditando muito.

FREI BETTO: O que você acha que foi fundamental para a expansão do budismo pelo mundo?

HERÓDOTO: Suponho que deve haver mais de um bilhão de cristãos no mundo, mais de um bilhão de muçulmanos. E, curiosamente, mesmo praticando o princípio da não violência, o budismo se expandiu bastante, a ponto de ter mais de um bilhão de seguidores, ainda que divididos em diferentes escolas, seitas, templos. O entendimento do conceito do caminho é importantíssimo na expansão do budismo; ele enfatiza a nossa capacidade individual de atingir a libertação ou a iluminação por nós mesmos, em vez de dependermos do poder de outro. Ao embarcarmos em uma jornada, ao percorremos o caminho, devemos fazê-lo sozinhos. É como conhecer um novo país: se queremos vê-lo de verdade, precisamos ir até ele pessoalmente. Algumas pessoas podem nos trazer imagens, mas isso não substitui nossa experiência direta. Por isso tenho procurado percorrê-lo pessoalmente.

FREI BETTO: Isso acontece também no cristianismo, dividido em Igrejas e tendências. Em qualquer tradição religiosa acontece isso. O que noto, pelo que você acaba de dizer e pelo que tenho lido, é que o budismo está muito mais colado na ciência do que o cristianismo. O budismo tem uma intuição surpreendente de fenômenos que, milênios depois, foram constatados pela ciência. Como essa questão que você acaba de descrever, da interdependência. O cristianismo é resultado de muitas influências, como todas as tradições religiosas. Porque somos uma dissidência do judaísmo. Mas, ao longo da história, no Antigo Testamento ou na Torá, o judaísmo também sofreu fortes influências de outras tradições religiosas, como o zoroastrismo e as tradições fenícias, o culto a Baal, enfim, isso tudo percebemos na leitura dos livros do Antigo Testamento. Como não existe religião quimicamente pura, toda religião tem forte densidade sincrética.

Certa ocasião fiz uma palestra em Roma e, no fim, abriram para debate. Um senhor se levantou muito respeitosamente e falou: "Frei, como se explica aquele catolicismo do Brasil, tão sincrético?". Retruquei: "O senhor se refere a quê?". Ele disse: "Fui de férias a Salvador, na Bahia, e vi uma mistura de candomblé com catolicismo nas igrejas. Fiquei meio chocado com aquilo". Simplesmente respondi: "Não sei se o senhor observou, mas o sincretismo do catolicismo brasileiro, no caso, baiano, é tão denso quanto o sincretismo aqui na praça de São Pedro, em Roma. Ou o senhor acha que a tiara do papa vem da Bíblia? Não, vem dos imperadores romanos, é pura influência pagã. O título do papa, Sumo Pontífice, que o Francisco agora abandonou, era aplicado ao imperador romano".

HERÓDOTO: Abandonou?

FREI BETTO: Sim, cortou vários títulos honoríficos nos documentos oficiais. Ele prefere ser chamado apenas de bispo de Roma. Quando criança, na catequese, ouvi a expressão Sumo Pontífice pela primeira vez. Achei que era o sumo que se obtinha espremendo o papa! Minha mãe falava de sumo do limão, bom para isso e para aquilo... E acrescentei na resposta àquele senhor: "Missa aos domingos equivale à obrigação de ir à sinagoga aos sábados, que é um costume judaico. Veja o filme *Sissi, a imperatriz da Áustria* — ali se vê que a liturgia tradicional da Igreja católica vem da nobreza europeia! Se o senhor vai a uma celebração litúrgica em uma Comunidade Eclesial de Base no interior do Brasil, verá algo completamente diferente. É a mesma liturgia da Igreja, mas tem dança, canto, tambor etc.".

Contei a ele o fato ocorrido durante o Sínodo dos Bispos, em novembro de 1971, em Roma, quando um cardeal africano decidiu mostrar a seus colegas, bispos e cardeais, como era a liturgia em sua diocese. Naquela época usava-se filme documentário, não havia CD ou DVD. O filme mostrava a missa em uma comunidade. Os homens, de tanga, com tambores, e o corpo todo pintado; as mulheres também de tanga, com os seios à mostra, e o corpo todo pintado, dançando em volta de um tronco de árvore que servia de altar e, sobre o qual, havia o pão e o vinho, as espécies eucarísticas. Outro cardeal de levantou, acendeu a luz e protestou, disse que aquilo era uma blasfêmia, uma ofensa, pois não era a liturgia da Igreja. O africano, tranquilamente, pois devia estar esperando essa reação, falou: "Olha, pode não ser a liturgia de Roma, mas da Igreja é, porque se nós africanos tivéssemos evangelizado a Europa, a essa hora os senhores estariam todos desnudos, com o corpo pintado, dançando em volta do altar". É isso.

Hoje, a Igreja católica já teve a humildade de reconhecer a autonomia da ciência, graças à figura exponencial de Pierre Teilhard de Chardin, um jesuíta que fez a ponte entre a ciência moderna e a teologia. Ele tinha consciência da importância da sua obra, pois durante toda a vida escreveu uma enorme coleção de livros, sem nunca ter tido autorização de publicar nenhum deles. O que é incrível, pois poderia ter pensado: "Bom, já que não posso publicar, por que escrever?". Mas continuou escrevendo. Quando morreu, em 1955, os livros foram publicados e se tornaram best-sellers mundiais. No início, com muita restrição da Igreja, embora não fossem condenados. Hoje, sua obra é citada na encíclica *Louvado Sejas*, do papa Francisco, sobre a questão socioambiental.

Portanto, em tudo há interdependência. Não é só entre essa folha de papel e nós. Como você disse, somos a expressão inteligente da evolução do Universo. É graças à nossa consciência que o Universo "sabe" que é belo. E assim como viemos todos de um ovo primordial — o Big Bang —, acredito que caminhamos todos para um ovo final, porque o Universo está em expansão. Segundo a ciência, pode ser que, em algum momento, entre em retração. Porque toda expansão supõe retração e a atual ainda é um impulso da explosão inicial ocorrida há 13,7 bilhões de anos. É difícil prever que haverá impulso suficiente para jamais haver retração ou colapso. Acredito que, em algum momento, haverá retração, e o Universo voltará a ser o que era em seus primórdios. E todos nós somos fragmentos dessa explosão inicial — o meu corpo, o seu, as mesmas partículas que estavam lá no Big Bang estão aqui. Costumo frisar que tudo é feito de apenas cento e poucos ingredientes, a tabela periódica — a sequência de átomos que aprendemos na escola. De modo que fazer um Universo não é tão complicado. Basta uma centena de ingredientes que se combinam em tudo, desde o Sol até essa cadeira, esse gravador. O desafio é saber como combinar o ingrediente um, o hidrogênio, com o ingrediente cinco, com o ingrediente 43. Enfim, sabendo combinar dá tudo: papel, carro, caneta, piano, avião, tudo. Mas para isso é preciso entrar na cozinha da Criação e ter mãos divinas...

HERÓDOTO: Buda também chegou à conclusão de que todas as coisas existentes são fruto de uma causa. É o mesmo princípio adotado pela ciência no final do século XVIII, XIX...

FREI BETTO: É um princípio aristotélico.

HERÓDOTO: Então, se quisermos entender o que está acontecendo exatamente neste momento, temos que procurar essa causa anterior. E quando dizemos que todas as coisas existentes são fruto de uma causa, em outras palavras o budismo está dizendo que não existe destino. O destino está nas minhas mãos e eu o construo todos os dias. A lei do carma não é mecânica a ponto de, se você praticar determinada ação, determinado efeito se manifestará invariavelmente. Mesmo que a ação seja a mesma, por causa de outros vários fatores o resultado cármico poderá ser bem diferente. Assim, a lei do carma, em vez de rígida e mecânica, é fluida e maleável.

FREI BETTO: Nisso coincidimos. Não há destino. A nossa liberdade determina o que vamos ser, o que vamos fazer. Claro que há influências culturais, ideológicas, tudo isso, mas não existe destino traçado. Temos o livre-arbítrio, ou seja, somos livres para ser protagonistas da nossa existência. Se seguimos os preceitos de Jesus — o amor, a compaixão, a misericórdia, a paz, a justiça — Deus ajuda. Mas se quisermos ir no caminho contrário, podemos. Muitos seguem o caminho contrário, até por força da ignorância. Quando estive na cadeia com os presos comuns, entendi melhor por que alguém vira bandido. Convenci-me de que se tivesse tido a vida que tiveram também seria bandido igual a eles. Nascer na miséria, apanhar de um pai bêbado, ver o pai bater na mãe, ficar amarrado dentro de casa quando os pais saem, é muita violência, não tem como exigir de uma criança dessas que se torne um ser humano normal. Poderia até haver recuperação, se o sistema penitenciário fosse educativo, mas não é, é apenas punitivo. Muitos que estão no caminho do mal estão não por culpa deles, mas por culpa de uma estrutura social. Por isso, para nós, cristãos, não basta a mudança do coração, é preciso mudar também as estruturas. E isso é simultâneo. Não adianta perguntar o que vem primeiro, a galinha ou o ovo. Vêm juntos: à medida que mudo meu coração, tenho a obrigação de mudar o mundo, de implantar a justiça. E se implanto a justiça, tenho a obrigação de mudar meu coração. O grande erro de muitas experiências socialistas foi mudar as estruturas e não mudar o coração. Veja o caso da Rússia, setenta anos de socialismo! Hoje é um dos países mais corruptos do mundo, que tem o maior número proporcional de biliardários. Dá para se perguntar: setenta anos de quê? Não adianta, erraram ao pensar que mudando as estruturas tudo estaria resolvido, e cometeram o erro do mecanicismo, acreditaram que todo mundo que nasce no socialismo tem coração socialista, e não é assim. Nascemos capitalistas, por isso o capitalismo tem tanta força.

Veja um bebê, ele é o centro do mundo. Os pais podem estar dormindo, têm que acordar cedo para trabalhar, mas às três da madrugada o bebê põe a boca no trombone, porque está com fome, só pensa nele. A vantagem do capitalismo é que ele corresponde a esse lado egoísta da natureza humana. O amor é um processo cultural, educativo, aos poucos o ser humano desabrocha para a amorosidade.

HERÓDOTO: Segundo Buda, compaixão e sabedoria são os dois pilares da verdade. O que é sabedoria? É conhecer a verdadeira natureza da vida humana, ou seja, toda ciência, tudo o que existe em função da vida humana, na tentativa de melhorá-la. E a compaixão? Significa abraçar a todos, sem exceção. Não importa se é branco, se é preto, se é árabe, se é judeu, se é cristão, não interessa: devemos abraçar todos, sem exceção.

FREI BETTO: Nisso coincidimos. O cristianismo abraça e propõe exatamente o mesmo: agir com a sabedoria contida na palavra de Deus, no exemplo de Jesus e, ao mesmo tempo, no perdão. Jesus propõe perdoar inclusive os inimigos, algo revolucionário. Como mineiro, digo que ser cristão não é fazer como o mineiro, estar bem com todo mundo. Há que ter pelo menos um inimigo, porque senão não se tem a oportunidade de cumprir esse preceito... Como não sou inimigo de ninguém, não tenho ódio, não quero mal a ninguém, mas tenho vários inimigos, sei disso. Há pessoas que me odeiam, ou manifestam repulsa, repúdio, agressão, como a que sofri em 2015, em dois lançamentos de livros, em Belo Horizonte e no Rio. No Rio, um oficial de corveta da Marinha me agrediu verbalmente. Em Belo Horizonte, um grupo de jovens queria me jogar um livro na cara, mas foram impedidos. Enfim, fico tranquilo. Não que eu tenha a virtude de não odiar. Foi a prisão que me ensinou que o ódio destrói, primeiro, a quem odeia. Atribui-se esta frase a Shakespeare: "O ódio é o veneno que se toma esperando que o outro morra". Por que ficar destilando raiva no coração? Alceu Amoroso Lima, de quem eu era muito amigo e discípulo, me disse um dia: "Olha, Betto, não sou de dar conselhos, mas darei um a você: nunca se defenda de ataques pessoais. Nunca me defendi do que o Gustavo Corção falava de mim, e isso fez muito bem ao meu espírito". Adotei esse procedimento: podem falar à vontade contra mim, não me abalo.

Quero bem às pessoas. Não quero que sofram. É um ato de amor lutar para que o opressor deixe de ser um opressor, ainda que isso doa nele. Quando o presidente Tancredo Neves ficou doente, fui dar-lhe assistência. Nunca me filiei a qualquer partido, embora na época estivesse muito próximo ao PT. Muitos petistas ficaram indignados: "Como assim, a gente não queria Tancredo como presidente, e você vai lá dar assistência a ele?". Respondi que iria. Se pessoas pelas quais não tenho nenhuma simpatia amanhã estivessem doentes e mandassem me chamar para dar uma bênção da saúde, eu iria.

Agora, Heródoto, como se libertar do desejo?

HERÓDOTO: A libertação do desejo é o ponto central do caminho da iluminação. Pode-se alcançá-lo também através da compaixão. "Compaixão" significa literalmente "sofrer com o outro". Mas no budismo isso ganha outro sentido: é preciso reconhecer os apuros alheios e depois ajudar a aliviar-lhes o sofrimento.

FREI BETTO: Isso cria desapego?

HERÓDOTO: Exato. Esse tema é o centro de toda a doutrina do budismo, é como uma pirâmide invertida: só um ponto toca o plano.

FREI BETTO: Em nota de pé de página de um de seus livros, você diz que o mundo é fruto da nossa mente. Anotei: "Como assim? E quando esvaziamos a mente?". Logo a seguir você escreve: "No budismo, o que vale de fato é a experimentação e a averiguação". Isso não demonstra a objetividade do mundo?

HERÓDOTO: O budismo acredita que o Universo não teve começo e não tem fim, e que só existe porque nossa mente existe, nossa mente criou o Universo. Portanto é responsável pelas coisas todas que existem.

FREI BETTO: Vocês, budistas, negam o Big Bang?

HERÓDOTO: Aceitamos o Big Bang; não só o aceitamos como nunca colocamos nenhum obstáculo para determinados experimentos científicos, como fazem outras religiões, porque acreditamos que isso faz parte da natureza humana. Quando o Congresso Nacional brasileiro teve que tomar decisões sobre células-tronco, por exemplo, não vimos razão doutrinária nem para apoiar, nem para ser contra, uma vez que acreditamos que qualquer atitude nesse sentido seria uma interferência na intimidade das pessoas.

FREI BETTO: Os budistas aceitam o Big Bang, mas você afirma que o mundo é fruto da nossa mente. Ora, o mundo existe independentemente da minha mente.

HERÓDOTO: Sim, ele existe. Mas, para mim, como ser, ele só existe se minha mente existir.

FREI BETTO: Claro, é verdade. Quando estou dormindo o mundo não existe.

HERÓDOTO: Se levo uma pancada na cabeça, por exemplo, meu mundo deixa de existir. Para mim o mundo existe porque está vivo em minha mente. Se uma coisa passasse a existir por si própria, independentemente de todas as demais, deveria ser capaz de originar constantemente certos efeitos, o que não acontece. As coisas também não surgem de algo diferente de si, de outra entidade autoexistente. Se algo passa a existir por meio de algo diferente de si, toda a ideia de causalidade é posta em xeque e tudo se torna aleatório.

Além disso, nós dois, juntos, podemos olhar para a mesma cena, mas cada um verá uma coisa diferente, isto é, seu mundo é diverso do meu, ainda que estejamos olhando na mesma direção.

FREI BETTO: Cada ponto de vista é a vista a partir de um ponto. É verdade. Também ocorre uma fusão entre sujeito e objeto na meditação. Isso para nós é mística.

HERÓDOTO: O budismo acredita que não há dualidade nas coisas. O que há é uma interação entre a realidade e o íntimo de cada um. Ele é monista, como disse.

FREI BETTO: Também o cristianismo. A Bíblia não tem dualidade, a tradição semítica hebraica não tem dualidade, não existe separação entre corpo e espírito. Tanto que o verbo "conhecer", na tradição bíblica, é sinônimo de experimentar. Quando diz que 'Abraão conheceu Sara', significa que eles transaram. Para nós, "conhecer" supõe certo grau de abstração. Essa dualidade surge via Santo Agostinho, no século IV. Ele foi o grande elaborador da doutrina cristã após o fim do Império Romano. Era filósofo platônico, e trouxe a dualidade para dentro da doutrina cristã, que perdura até hoje no senso comum cristão. Tomás de Aquino, a partir do século XIII, abraça Aristóteles, não Platão, e volta à visão unificada. A dualidade, embora esteja muito presente ainda na religiosidade cristã, de que o corpo é inimigo do espírito, de que é preciso sujeitar o corpo para exaltar o espírito, não tem sentido teoricamente. Mas está na cultura de maneira muito forte.

Gostei muito de uma frase que você escreveu: "A única alegria daqueles que chegaram a níveis superiores de meditação é a felicidade de todos", porque me parece que o budismo expressa uma dimensão social. Na medida em que posso, via meditação, atingir o Nirvana, dane-se o mundo. Mas quando você afirma que a única alegria daqueles que chegaram a níveis superiores de meditação é a felicidade de todos, essa ótica muda. Será que os monges budistas têm essa mesma consciência?

HERÓDOTO: Alguns têm e outros, não. De certa forma, isso se aproxima do cristianismo católico. Quero dizer, determinadas pessoas avançaram muito no caminho da meditação e da iluminação. E elas poderiam se iluminar, estão aptas, mas optam por não se iluminar, escolhem permanecer neste estado, adiando a superação do sofrimento para assim poder ajudar outras pessoas. Seria como um santo católico, que, na linguagem budista, chamamos de *bodisatva*. Trata-se do indivíduo que chegou ao último degrau; o próximo degrau é se transformar num buda.

Logicamente que todos esses conceitos budistas são muito menos vinculados ao sistema capitalista do que acontece em outras religiões. No século XVI, o cristianismo, você sabe, sobretudo com a Reforma, tomou uma feição capitalista. Max Weber demonstra bem isso. O budismo, não; tendo ficado segregado à Ásia, o capitalismo demorou mais a chegar lá, o que só foi acontecer no século XX. Ainda assim, em algumas regiões o processo capitalista foi intermitente, como na China, onde houve um ensaio capitalista no século XX e depois Mao Tsé-tung alterou tudo. No Sudeste Asiático a mesma coisa.

FREI BETTO: Hoje o capitalismo é forte na China.

HERÓDOTO: Sim. Mas o que quero dizer é que o budismo não teve uma convivência intensa com o capitalismo como teve o cristianismo. É preciso considerar o período socialista, quando a religião era considerada o ópio do povo, uma prática burguesa que precisava ser extinta. O Tibete, por exemplo, não viveu o período capitalista, e sim um período praticamente feudal, até os chineses entrarem lá, em 1959. O budismo, portanto, não se contaminou com aqueles ideais, embora hoje existam fortíssimas manchas capitalistas na religião, com templos muito ricos, com investimentos em ações, propriedades etc. Só que, desse jeito, estão se afastando cada vez mais do caminho. E qual é o caminho? O da frugalidade.

FREI BETTO: Gosto muito dessa dimensão social da meditação, para a felicidade de todos. O Jung dizia: "Quem olha para fora de si, sonha; quem olha para dentro, desperta". Porém, olhar para dentro é doloroso, não é fácil olhar para dentro. Olhar para dentro é pegar todos aqueles fantasmas que estão lá e decompô-los, derrubá-los, permitir que a nossa mente possa ver as coisas com clareza. Isso não é simples. O que significa: "Siga o dharma, não a pessoa"?

HERÓDOTO: Dharma é o conjunto de ensinamentos de Buda. Sua leitura significa a indicação de não ir atrás daquilo que os monges pregam. O que os monges pregam não tem nenhum valor para mim. O ideal é observar a doutrina, ler e interpretar a doutrina. Seria mais ou menos como no século XVI, na Europa, quando Martinho Lutero disse "a Bíblia está aqui, leiam-na e interpretem-na". Essa é a prática budista desde o início. Aliás, vale ressaltar que não existe nenhum grande orador budista.

FREI BETTO: Tem sim, o Dalai-Lama, embora motivado pelo problema com a China.

HERÓDOTO: Aí se trata de uma questão geopolítica, como você sabe.

FREI BETTO: É, ele foi apropriado pelo capitalismo.

HERÓDOTO: Sim, existem até filmes sobre isso. Ele escreveu algumas coisas que acho até bacanas...

FREI BETTO: Considero-o um sábio. Minha única ressalva é que ele não faz uma autocrítica do que era o lamaísmo tibetano, e se deixa usar um pouco pela direita. Agora o papa Francisco teve a sabedoria de recusar uma audiência com ele, porque o problema do reatamento da Igreja católica com a China é muito complexo, e o papa está envolvido em corrigir os erros que foram cometidos, sobretudo por João Paulo II. Francisco não quer provocar os chineses.

Ainda sobre meditação, você diz: "Ser budista começa com meditar todos os dias em todos os espaços possíveis". Heródoto, como é possível meditar na Praça da Sé ou no metrô de São Paulo?

HERÓDOTO: Digo que é possível. Na medida em que você pratica, é possível meditar em todas as brechas do dia, inclusive no metrô. É claro que no início é difícil; você precisa se sentar direitinho, encontrar a postura.

FREI BETTO: Sei que deitado não é uma boa postura para meditar, concorda? Mas dá para meditar em pé?

HERÓDOTO: Sim. O problema de meditar deitado é que é muito fácil cair no sono, porque relaxamos. De pé, não.

FREI BETTO: É possível praticar o budismo sem antes ter dominado a mente?

HERÓDOTO: O budismo é a prática do domínio da mente. Você o pratica na medida em que tenta dominá-la.

FREI BETTO: Você é um monge budista leigo, e é um jornalista que comanda uma equipe que tem que matar vários leões todos os dias. Como conjuga essa superpressão? Imagino que tenha que ler os principais jornais todos os dias. Ao chegar na redação, tem que se inteirar do que vai para o ar, que comentários fazer. Ser o âncora de um telejornal nesse mundo tão complicado é trabalhoso. Como encontra o equilíbrio?

HERÓDOTO: Dou conta do recado por causa da meditação. E parto do princípio de que ninguém faz nada sozinho. Somos uma equipe, fazemos tudo junto; todos têm o direito de dar opinião, criticar, falar o que acha que está certo e o que está errado. Então, ainda que o meu rosto esteja mais em evidência, não quer dizer que os outros não tenham participação no produto final. Acho que esse equilíbrio me ajuda bastante, porque eu trabalho em uma empresa que é de propriedade de um líder religioso pentecostal, e no entanto nunca tive nenhum problema de ordem religiosa. Até hoje, tudo aquilo que julguei relevante, equilibrado, foi colocado no ar. Quando o Ricardo Kotscho ou o Nirlando Beirão chegam para apresentar suas colunas, eu não digo a eles sobre o que falar. Eu sempre pergunto sobre o que eles *querem* falar, como faço com todos os comentaristas. Tento manter meu ego sob controle, conforme aprendi na meditação. Não sou o dono da verdade, nem quero fazer a cabeça de ninguém. Muitos não sabem, mas o princípio ético do budismo é o mesmo do jornalismo: ambos são deontológicos. Praticamos porque acreditamos que lá está a virtude, o bem, a felicidade de todos.

FREI BETTO: Qual o horário de transmissão do Record News?

HERÓDOTO: O jornal vai ao ar em dupla plataforma, das nove às dez da noite. Está simultaneamente no portal R7 e na Record News. Eu e meus colegas chegamos na redação às três da tarde, mas às sete da manhã já mandei várias mensagens com sugestões de pautas e entrevistados. O jornal vai ao ar ao vivo e é reprisado de madrugada. Saio de lá às dez e meia.

Recebi a oportunidade de fazer um telejornal equilibrado, plural, no qual ouvimos gente que não tem espaço em outros lugares, como os sindicalistas da Federação Única dos Petroleiros — acho que o único lugar em que eles falaram foi no nosso jornal, e duas vezes. Na greve dos professores, levei a presidente do Sindicato dos Professores do Ensino Oficial do Estado de São Paulo. A presidente da UNE [Carina Vitral] já foi entrevistada várias vezes, assim como o [João Pedro] Stédile, do MST. Temos procurado fazer um trabalho idôneo. Olho para câmera e digo: Não queremos fazer sua cabeça aqui, queremos apresentar versões, e você irá tirar suas próprias conclusões. É tudo o que aprendi no budismo. Repito o mestre: "Não acredite em uma palavra ou imagem que você está vendo. Experimente".

FREI BETTO: Mas consegue dormir? Porque se termino uma palestra às dez e meia, onze horas, não consigo dormir em seguida.

HERÓDOTO: Vou largando pelo caminho da minha casa todas as coisas que fiz na redação, para chegar em casa livre de tudo. Sigo diariamente o preceito do não apego, do domínio da emoção, da raiva, do ego, do combate à arrogância. Ainda assim muitas vezes sou derrotado pela minha mente egoica. Durmo no tatame, ajuda a relaxar e a meditar. Não há sono que resista.

FREI BETTO: Eu não largo rápido. Sempre que faço palestra de noite, janto depois, porque se deitar logo não consigo dormir, a cabeça ainda está a mil.

Mudando de assunto, você escreveu: "Somos capazes de criar bons e maus carmas, a intenção é mais importante que a ação". Como assim?

Para nós, cristãos, é o inverso. A ação é mais importante que a intenção. Ou seja, se você faz um gesto amoroso, mesmo que tenha tido uma intenção interesseira, isso é meritório porque salva o outro.

HERÓDOTO: No budismo a intenção é mais grave, porque muitas delas não se transformam em ação. O conjunto de intenções pesa muito mais no carma do que as ações. Nossa natureza búdica já está plenamente formada e desenvolvida, e apenas as impurezas acidentais estão entre nós e a iluminação. Essas impurezas simplesmente precisam ser removidas pela prática. No budismo, falamos de três portões pelos quais produzimos efeitos cármicos: o corpo, a fala e a mente. Se a plena atenção e a apercepção estivessem alertas, talvez não precisássemos nos arrepender das coisas destrutivas que fizemos, dissemos e pensamos.

FREI BETTO: Você escreveu: "Com ou sem fé, o que tem que acontecer acontece". Isso não seria fatalismo?

HERÓDOTO: Não. Aqui voltamos a falar das causas. Você lança uma flecha e nada vai impedir que ela atinja seu alvo. Por exemplo: se eu quiser, nada vai me impedir de te agredir. Devo, então, evitar agir assim, para que eu não crie um carma ruim. Porque uma vez destravado, o processo não volta atrás. Não há força no Universo que possa impedir que a flecha disparada ou a palavra pronunciada acertem seus alvos. Nem um milagre é capaz de impedir as consequências desses atos.

FREI BETTO: Para nós, cristãos, a fé remove montanhas, no sentido de convicção capaz de promover o bem em meio a dificuldades. A fé cura. Tenho experiência de já ter tido uma enfermidade que a medicina ainda considera incurável, o hipertireoidismo, motivo pelo qual eu teria de tomar remédio a vida inteira. Graças à meditação, me curei.

Penso que vocês, budistas, têm uma dimensão de fé, essa intenção a que você se refere coincide com o que chamamos de fé. É o propósito interior de promover o bem. Por isso você não fala mal, você não agride, não ofende. Isso é uma forma de fé também. O budismo fala pouco de amor, ou é impressão minha?

HERÓDOTO: Acho que sim, o budismo fala pouco de amor, realmente. Em vez de falar de amor, fala de compaixão. Para nós, o grande amor é a compaixão, a fraternidade, o encontro das pessoas, o encontro das civilizações, das culturas, a convivência pacífica. Isso tudo está dentro da palavra *compaixão*. Não no sentido de ter dó, sentir pena. O amor, como entendido popularmente, significa a posse do objeto amado, logo é um gerador de sofrimento. É necessário aprender a amar sem se apossar do objeto do amor, seja um ser humano, seja outra coisa qualquer.

FREI BETTO: O budismo é uma ferramenta usada para eliminar o sofrimento. Nós sofremos por várias causas. A dor física, por exemplo, causada por um câncer. A dor psíquica, advinda da depressão. A dor da carência, se estou na miséria. A dor do coração, quando morre a pessoa amada. A dor da razão, se estou preso por um crime que não cometi. Como o budismo elimina essas cinco formas de sofrimento?

HERÓDOTO: Tudo isso pode ser sanado pelo budismo. Essas dores são sanadas no momento em que levam a pessoa a entender o que aconteceu, a entender que, ainda que esteja sendo injustiçada, ainda que seja presa injustamente, por exemplo, ninguém consegue prender sua mente, sua consciência. Se estou em uma cela, posso sentar e meditar, e talvez até saia de lá melhor do que entrei, porque não vou disputar com as pessoas um pedaço de pão, nem um pedaço da cela.

FREI BETTO: O budismo, pelo que conheço, comparado com o cristianismo, é quase uma foto em negativo. O que é uma foto em negativo? É aquela em que você não distingue as imagens, mas elas estão lá. Antigamente era esse o processo; hoje em dia, com as máquinas digitais e os métodos eletrônicos, é diferente. Outrora você tirava a foto e levava a chapa para um laboratório escuro onde a imagem era revelada. Aonde quero chegar? Vocês diferem de nós, cristãos, nas coisas fundamentais, por não nominarem o que nominamos. Soa-me como uma síntese de Deus quando você escreve: "Somente aquilo que não tem nome, ou a realidade última, está além de mudanças, e todas as formas conhecidas, inclusive o ser humano, são manifestações dessa realidade última". Em nenhum momento você falou de Deus, mas isso é Deus. Está de acordo?

HERÓDOTO: Estou de acordo. O budista não dá nome a isso.

FREI BETTO: Você deve saber também que a religião muçulmana tem 99 nomes de Deus, e o centésimo é o Inominado, quer dizer, posso chamar de Deus, mas é um nome que não é nominável. E o apóstolo Paulo, que era um sujeito muito esperto, quando chegou no Areópago, em Atenas, anunciou Jesus como "o Deus desconhecido", pois havia lá um altar em homenagem a ele. Os gregos tinham muitos deuses e, devido àquele politeísmo, por segurança, ergueram também um altar "ao Deus desconhecido". Talvez tenham pensado: "Vamos investir aqui em todos os deuses conhecidos, mas convém homenagear também o desconhecido". No Areópago, Paulo anunciou: "Este Deus que vocês não conhecem é o Deus que conheço, Jesus". Uma pedagogia genial! E foi a partir dali que ele teve uma mudança de postura, porque, até então, Paulo, intelectual, achava que difundiria o cristianismo e evangelizaria pelo andar de cima, como pregar para os intelectuais que se reuniam no Aerópago para debater teologias de suas crenças politeístas. Mas eles deram as costas a Paulo. Então, ele se deslocou para Corinto e, ali, passou a pregar, como trabalhador manual, para a gente simples do povo. E o cristianismo se expandiu. Mudou completamente. Foi a opção pelos pobres de Paulo.

HERÓDOTO: Uma última história: certa vez fui fazer um trabalho na ONU sobre a possibilidade de transformar o PIB [Produto Interno Bruto] em FIB [Felicidade Interna Bruta]. Foi lá que conheci o primeiro ministro do Butão e, depois, acabei visitando o país. A reunião acontecia num auditório imenso, com líderes de diversos países e vários representantes religiosos. Sentei-me ao lado de um rabino. O que será que esses caras estão fazendo aqui?, pensei. No fim do dia, cinco da tarde, cada representante religioso foi chamado ao palco para falar por cinco minutos. Todos falaram exatamente a mesma coisa: era preciso ir além das questões materiais. Daí apoiarem entusiasticamente a adoção da FIB. Quem deu a largada foi um pequeno país budista, então pensei na tremenda contribuição que as religiões poderiam dar se houvesse mais encontros desse tipo. Imagine algo assim com transmissão pela televisão para o mundo todo. Dessa forma as pessoas veriam seu pastor, seu rabino, seu monge, seu padre sentados ao lado do pai de santo do candomblé.

FREI BETTO: É verdade. Participei de dois eventos que comprovam o que você acaba de dizer. O primeiro foi no Ano do Voluntariado, em 2000, aqui em São Paulo, monitorado pela Milú Villela. Ela me pediu para formar um grupo de religiosos. Chamei representantes de todas as religiões. Nenhuma delas se negou a comparecer. Lotamos o ginásio do Ibirapuera em uma grande cerimônia. Por incrível que pareça, havia pastor evangélico fundamentalista ao lado de mãe de santo! Todos ali dispostos a suscitar trabalhos voluntários.

HERÓDOTO: Isso tem um efeito social muito grande, quebra diversos tabus.

FREI BETTO: Exatamente. O que falta é ter instâncias confiáveis, como foram os casos do Centro de Voluntariado de São Paulo, e também da ONU. Ninguém acha que está fazendo a jogada do outro, vai de espírito aberto.

HERÓDOTO: Aconteceu uma coisa engraçada: o rabino que estava do meu lado foi discursar — aliás, foi o que melhor falou — e quando ele desceu do palco, fui cumprimentá-lo. Então ele me perguntou de onde eu era. Quando disse que era do Brasil, ele me entregou um cartão e disse: "Leve para o frei Leonardo Boff e diga que é de fulano de tal. Somos amigos". "O senhor faz parte do judaísmo da libertação?", brinquei. Nunca entreguei o cartão para o Boff, porque nunca encontrei com ele.

FREI BETTO: O Leonardo, ao saber disso, vai te cobrar, hein!

HERÓDOTO: Nem sei onde foi parar o cartão, não devia ter contado!

Obras de Frei Betto

EDIÇÕES NACIONAIS

1. *Cartas da prisão: 1969-1973*. Rio de Janeiro: Agir, 2008. Essas cartas foram publicadas anteriormente em duas obras: *Cartas da prisão* e *Das catacumbas*, ambas publicadas pela Civilização Brasileira, no Rio de Janeiro. *Cartas da prisão*, editada em 1974, teve a sexta edição lançada em 1976. Companhia das Letras, 2017.

2. *Das catacumbas*. Rio de Janeiro: Civilização Brasileira, 1976 (3. ed., 1985).

3. *Oração na ação*. Rio de Janeiro: Civilização Brasileira, 1977 (3. ed., 1979).

4. *Natal: A ameaça de um menino pobre*. Petrópolis: Vozes, 1978.

5. *A semente e o fruto: Igreja e Comunidade*. Petrópolis: Vozes, 1981.

6. *Diário de Puebla*. Rio de Janeiro: Civilização Brasileira, 1979 (2. ed., 1979).

7. *A vida suspeita do subversivo Raul Parelo* (contos). Rio de Janeiro: Civilização Brasileira, 1979 (esgotada). Reeditada sob o título *O aquário negro* (Rio de Janeiro: Difel, 1986). Há uma edição do Círculo do Livro, de 1990. Em 2009, foi lançada nova edição revista e ampliada pela Agir, no Rio de Janeiro.

8. *Puebla para o povo*. Petrópolis: Vozes, 1979 (4. ed., 1981).

9. *Nicarágua livre: O primeiro passo*. Rio de Janeiro: Civilização Brasileira, 1980. Dez mil exemplares editados em jornalivro (São Bernardo do Campo: ABCD Sociedade Cultural, 1981).

10. *O que é Comunidade Eclesial de Base*. 5. ed. São Paulo: Brasiliense, 1985. Coedição com a Abril (São Paulo, 1985) para bancas de jornal.

11. *O fermento na massa*. Petrópolis: Vozes, 1981.

12. *CEBs: Rumo à nova sociedade*. 2. ed. São Paulo: Paulinas, 1983.

13. *Fogãozinho: Culinária em histórias infantis* (com receitas de Maria Stella Libanio

Christo). Rio de Janeiro: Nova Fronteira, 1984. (3. ed., 1985). Nova edição Mercuryo Jovem (7. ed. São Paulo, 2002).

14. *Fidel e a religião: Conversas com Frei Betto*. São Paulo: Brasiliense, 1985 (23. ed., 1987); São Paulo: Círculo do Livro, 1989; São Paulo: Fontanar, 2016.

15. *Batismo de sangue: Os dominicanos e a morte de Carlos Marighella*. Rio de Janeiro: Civilização Brasileira, 1982 (7. ed., 1985); Rio de Janeiro: Bertrand do Brasil, 1987 (10. ed., 1991); São Paulo: Círculo do Livro, 1982. Em 2000, foi lançada a 11ª edição revista e ampliada: *Batismo de sangue: A luta clandestina contra a ditadura militar — Dossiês Carlos Marighella & Frei Tito* (São Paulo: Casa Amarela),e, em 2006, a 14ª (Rio de Janeiro: Rocco).

16. *OSPB: Introdução à política brasileira*. São Paulo: Ática, 1985 (18. ed., 1993).

17. *O dia de Angelo* (romance). 3. ed. São Paulo: Brasiliense, 1987; São Paulo: Círculo do Livro, 1990.

18. *Cristianismo & marxismo*. 3. ed. Petrópolis: Vozes, 1988.

19. *A proposta de Jesus*. São Paulo: Ática, 1989 (3. ed., 1991). Catecismo Popular, v. i.

20. *A comunidade de fé*. São Paulo: Ática, 1989 (3. ed., 1991). Catecismo Popular, v. ii.

21. *Militantes do reino*. São Paulo: Ática, 1990 (3. ed., 1991). Catecismo Popular, v. iii.

22. *Viver em comunhão de amor*. São Paulo: Ática, 1990 (3. ed., 1991). Catecismo Popular, v. iv.

23. *Catecismo popular* (versão condensada). São Paulo: Ática, 1992 (2. ed., 1994).

24. *Lula: Biografia política de um operário*. São Paulo: Estação Liberdade, 1989. (8. ed., 1989). *Lula: Um operário na presidência*. ed. rev. e atual. São Paulo: Casa Amarela, 2003.

25. *A menina e o elefante* (infantojuvenil). São Paulo: FTD, 1990. (6. ed., 1992). Em 2003, foi lançada nova edição revista pela Mercuryo Jovem (São Paulo, 3. ed.).

26. *Fome de pão e de beleza*. São Paulo: Siciliano, 1990 — esgotada.

27. *Uala, o amor* (infantojuvenil). São Paulo: FTD, 1991 (12. ed., 2009).

28. *Sinfonia universal: A cosmovisão de Teilhard de Chardin*. 5. ed. rev. e ampl. São Paulo: Ática, 1997; 6. ed., Rio de Janeiro: Vozes, 2011.

29. *Alucinado som de tuba* (romance). São Paulo: Ática, 1993 (20. ed., 2000).

30. *Por que eleger Lula presidente da República* (cartilha popular). São Bernardo do Campo: FG, 1994.

31. *O paraíso perdido: Nos bastidores do socialismo*. São Paulo: Geração, 1993 (2. ed., 1993). *O paraíso perdido: Viagens ao mundo socialista*. Nova ed. rev. Rio de Janeiro, Rocco, 2015.

32. *Cotidiano & mistério*. São Paulo: Olho d'Água, 1996 (2. ed., 2003).

33. *A obra do artista: Uma visão holística do Universo*. São Paulo: Ática, 1995 (7. ed., 2008); Rio de Janeiro: José Olympio, 2011.

34. *Comer como um frade: Divinas receitas para quem sabe por que temos um céu na boca*. Rio de Janeiro: Francisco Alves, 1996 (2. ed. 1997); nova ed. rev. e ampl. Rio de Janeiro: José Olympio, 2003.

35. *O vencedor* (romance). São Paulo: Ática, 1996 (15. ed., 2000).

36. *Entre todos os homens* (romance). São Paulo: Ática, 1997 (8. ed., 2008); *Um homem chamado Jesus*. ed. atual. Rio de Janeiro: Rocco, 2009.

37. *Talita abre a porta dos evangelhos*. São Paulo: Moderna, 1998.

38. *A noite em que Jesus nasceu*. Petrópolis: Vozes, 1998.

39. *Hotel Brasil* (romance policial). 2. ed. São Paulo: Ática, 1999; Rio de Janeiro: Rocco, 2010.

40. *A mula de Balaão*. São Paulo: Salesiana, 2001.

41. *Os dois irmãos*. São Paulo: Salesiana, 2001.

42. *A mulher samaritana*. São Paulo: Salesiana, 2001.

43. *Alfabetto: autobiografia escolar*. 4. ed. São Paulo: Ática, 2002.

44. *Gosto de uva: Textos selecionados*. Rio de Janeiro: Garamond, 2003.

45. *Típicos tipos: Coletânea de perfis literários*. São Paulo: A Girafa, 2004.

46. *Saborosa viagem pelo Brasil: Limonada e sua turma em histórias e receitas a bordo do Fogãozinho*. Com receitas de Maria Stella Libanio Christo. São Paulo: Mercuryo Jovem, 2004.

47. *Treze contos diabólicos e um angélico*. São Paulo: Planeta, 2005.

48. *A mosca azul: Reflexão sobre o poder*. Rio de Janeiro: Rocco, 2006.

49. *Calendário do poder*. Rio de Janeiro: Rocco, 2007.

50. *A arte de semear estrelas*. Rio de Janeiro: Rocco, 2007.

51. *Diário de Fernando: Nos cárceres da ditadura militar brasileira*. Rio de Janeiro: Rocco, 2009.

52. *Maricota e o mundo das letras*. São Paulo: Mercuryo Jovem, 2009.

53. *Minas do ouro*. Rio de Janeiro: Rocco, 2011.

54. *Começo, meio e fim* (infantojuvenil). Rio de Janeiro: Rocco, 2014.

55. *Aldeia do silêncio*. Rio de Janeiro: Rocco, 2013.

56. *O que a vida me ensinou*. São Paulo: Saraiva, 2013.

57. *Fome de Deus: Fé e espiritualidade no mundo atual*. São Paulo: Paralela, 2013.

58. *A arte de reinventar a vida*. Petrópolis: Vozes, 2014.

59. *Oito vias para ser feliz*. São Paulo: Planeta, 2014.

60. *Um Deus muito humano: Um olhar sobre Jesus*. São Paulo: Fontanar, 2015.

EM COAUTORIA

1. *Ensaios de complexidade*. Com Edgar Morin, Leonardo Boff e outros. Porto Alegre: Sulina, 1977.

2. *O povo e o papa: Balanço crítico da visita de João Paulo II ao Brasil*. Com Leonardo Boff e outros. Rio de Janeiro: Civilização Brasileira, 1980.

3. *Desemprego: Causas e consequências*. Com dom Claudio Hummes, Paulo Singer e Luiz Inácio Lula da Silva. São Paulo: Paulinas, 1984.

4. *Sinal de contradição*. Com Afonso Borges Filho. Rio de Janeiro: Espaço e Tempo, 1988.

5. *Essa escola chamada vida*. Com Paulo Freire e Ricardo Kotscho. São Paulo: Ática, 1988 (18. ed., 2003).

6. *Teresa de Jesus: Filha da Igreja, filha do Carmelo*. Com Frei Cláudio van Balen, Frei Paulo Gollarte, Frei Patrício Sciadini e outros. São Paulo: Instituto de Espiritualidade Tito Brandsma, 1989.

7. *O plebiscito de 1993: Monarquia ou república? Parlamentarismo ou presidencialismo?* Com Paulo Vannuchi. Rio de Janeiro: Iser, 1993.

8. *Mística e espiritualidade*. Com Leonardo Boff. Rio de Janeiro: Rocco, 1994 (4. ed., 1999); 6. ed. rev. e ampl. Rio de Janeiro: Garamond, 2005; Rio de Janeiro: Vozes, 2009.

9. *A reforma agrária e a luta do MST*. Com vários autores. Petrópolis: Vozes, 1997.

10. *O desafio ético*. 4. ed. Com Eugenio Bucci, Luis Fernando Verissimo, Jurandir Freire Costa e outros. Rio de Janeiro; Brasília: Garamond; Codeplan, 1997.

11. *Direitos mais humanos* (coletânea organizada por Chico Alencar). Com textos de Frei Betto, Nilton Bonder, d. Pedro Casaldáliga, Luiz Eduardo Soares e outros. Rio de Janeiro: Garamond, 1998.

12. *Carlos Marighella: O homem por trás do mito* (coletânea de artigos organizada por Cristiane Nova e Jorge Nóvoa). São Paulo: Editora Unesp, 1999.

13. *7 pecados do capital* (coletânea de artigos organizada por Emir Sader). Rio de Janeiro: Record, 1999.

14. *Nossa paixão era inventar um novo tempo*: 34 *depoimentos de personalidades sobre a resistência à ditadura militar* (coletânea organizada por Daniel Souza e Gilmar Chaves). Rio de Janeiro: Rosa dos Tempos, 1999.

15. *Valores de uma prática militante.* Com Leonardo Boff e Ademar Bogo. São Paulo: Consulta Popular, 2000. Cartilha n. 9.

16. *Brasil 500 anos: Trajetórias, identidades e destinos.* Vitória da Conquista: Uesb, 2000. (Série Aulas Magnas).

17. *Quem está escrevendo o futuro? 25 textos para o século XXI* (coletânea de artigos organizada por Washington Araújo). Brasília: Letraviva, 2000.

18. *Contraversões: Civilização ou barbárie na virada do século.* Com Emir Sader. São Paulo: Boitempo, 2000.

19. *O indivíduo no socialismo.* Com Leandro Konder. São Paulo: Fundação Perseu Abramo, 2000.

20. *O Decálogo* (contos). Com Carlos Nejar, Moacyr Scliar, Ivan Angelo, Luiz Vilela, Jose Roberto Torero e outros. São Paulo: Nova Alexandria, 2000.

21. *As tarefas revolucionárias da juventude.* Reunindo também textos de Fidel Castro e Lênin. São Paulo: Expressão Popular, 2000.

22. *Diálogos criativos.* Com Domenico de Masi e José Ernesto Bologna. São Paulo: DeLeitura, 2002; Rio de Janeiro: Sextante, 2006.

23. *Democracia e construção do público no pensamento educacional brasileiro.* Org. de Osmar Favero e Giovanni Semeraro. Petrópolis: Vozes, 2002.

24. *Por que nós, brasileiros, dizemos não à guerra.* Com Ana Maria Machado, Joel Birman, Ricardo Setti e outros. São Paulo: Planeta, 2003.

25. *A paz como caminho* (coletânea de textos organizada por Dulce Magalhães). Com José Hermogenes de Andrade, Pierre Weil, Jean-Yves Leloup, Leonardo Boff, Cristovam Buarque e outros. Rio de Janeiro: Quality Mark, 2006.

26. *Lições de gramática para quem gosta de literatura.* Com Moacyr Scliar, Luis Fernando Verissimo, Paulo Leminski, Rachel de Queiroz, Ignácio de Loyola Brandão e outros. São Paulo: Panda, 2007.

27. *Sobre a esperança: Diálogo.* Com Mario Sergio Cortella. Campinas: Papirus, 2007.

28. *40 olhares sobre os 40 anos da Pedagogia do oprimido.* Com Mario Sergio Cortella, Sergio Haddad, Leonardo Boff, Rubem Alves e outros. São Paulo: Instituto Paulo Freire, 2008.

29. *Dom Cappio: Rio e povo*. Com Aziz Ab'Saber, José Comblin, Leonardo Boff e outros. São Paulo: Centro de Estudos Bíblicos, 2008.

30. *O amor fecunda o Universo: Ecologia e espiritualidade*. Com Marcelo Barros. Rio de Janeiro: Agir, 2009.

31. *Oparapitinga: Rio São Francisco*. Com Walter Firmo, Fernando Gabeira, Murilo Carvalho e outros. Fotos de José Caldas. Rio de Janeiro: Casa da Palavra, 2002.

32. *Conversa sobre a fé e a ciência*. Com Marcelo Gleiser. Rio de Janeiro: Agir, 2011.

33. *Bartolomeu Campos de Queirós: Uma inquietude encantadora*. Com Ana Maria Machado, João Paulo Cunha, José Castello, Marina Colassanti, Carlos Herculano Lopes e outros. São Paulo: Moderna, 2012.

34. *Belo Horizonte: 24 autores*. Com Affonso Romano de Sant'Anna, Fernando Brant, Jussara de Queiroz e outros. Belo Horizonte: Mazza, 2012.

35. *Dom Angélico Sândalo Bernardino: Bispo profeta dos pobres e da justiça*. Com d. Paulo Evaristo Arns, d. Pedro Casaldáliga, d. Demétrio Valentini, frei Gilberto Gorgulho, Ana Flora Andersen e outros. São Paulo: ACDEM, 2012.

36. *Depois do silêncio: Escritos sobre Bartolomeu Campos de Queirós*. Com Chico Alencar, José Castello, João Paulo Cunha e outros. Belo Horizonte: RHJ, 2013.

37. *Nos idos de março: A ditadura militar na voz de dezoito autores brasileiros*. Com Antonio Callado, Nélida Piñon, João Gilberto Noll e outros. São Paulo: Geração, 2014.

38. *Mulheres*. Com Affonso Romano de Sant'Anna, Fernando Fabbrini, Dagmar Braga e outros. Belo Horizonte: Mazza, 2014.

39. *Advertências e esperanças: Justiça, paz e direitos humanos*. Com frei Carlos Josaphat, frei Henri Des Roziers, Ana de Souza Pinto e outros. Goiânia: PUC Goiás, 2014.

40. *Marcelo Barros: A caminhada e as referências de um monge*. Com d. Pedro Casaldáliga, d. Tomás Balduino, Caralos Mesters, João Pedro Stédile e outros. Recife: Edição dos Organizadores, 2014.

EDIÇÕES ESTRANGEIRAS

1. *Dai soterranei della storia*. Milão: Arnoldo Mondadori, 1971.

2. *Novena di San Domenico*. Brescia: Queriniana, 1974.

3. *L'Église des prisons*. Paris: Desclée de Brouwer, 1972.

4. *La Iglesia encarcelada*. Buenos Aires: Rafael Cedeño, 1973.

5. *Brasilianische Passion*. Munique: Kosel, 1973.

6. *Fangelsernas Kyrka*. Estocolmo: Gummessons, 1974.

7. *Geboeid Kijk ik om mij heen*. Bélgica; Holanda: Gooi en sticht bvhilversum, 1974.

8. *Creo desde la carcel*. Bilbao: Desclée de Brouwer, 1976.

9. *Against Principalities and Powers*. Nova York: Orbis Books, 1977.

10. *17 días en Puebla*. México: CRI, 1979.

11. *Diario di Puebla*. Brescia: Queriniana, 1979.

12. *Lettres de prison*. Paris: Du Cerf, 1980.

13. *Lettere dalla prigione*. Bolonha: Dehoniane, 1980.

14. *La preghiera nell'azione*. Bolonha: Dehoniane, 1980.

15. *Que es la Teología de la Liberación?* Lima: Celadec, 1980.

16. *Puebla para el pueblo*. México: Contraste, 1980.

17. *Battesimo di sangue*. Bolonha: Asal, 1983; Nova ed. rev. ampl. Milão: Sperling & Kupfer, 2000.

18. *Les Frères de Tito*. Paris: Du Cerf, 1984.

19. *Comunicación popular y alternativa*. Com Regina Festa e outros. Buenos Aires: Paulinas, 1986.

20. *El acuario negro*. Havana: Casa de las Americas, 1986.

21. *La pasión de Tito*. Caracas: Dominicos, 1987.

22. *El día de Angelo*. Buenos Aires: Dialectica, 1987.

23. *Il giorno di Angelo*. Bolonha: Editrice Missionaria Italiana (EMI), 1989.

24. *Los 10 mandamientos de la relacion fe y política*. Cuenca: Cecca, 1989.

25. *Diez mandamientos de la relación fe y política*. Panamá: Ceaspa, 1989.

26. *De espaldas a la muerte: Dialogos con Frei Betto*. Guadalajara: Imdec, 1989.

27. *Fidel y la religion*. Havana: Oficina de Publicaciones del Consejo de Estado, 1985. Até 1995, editado nos seguintes países: México, República Dominicana, Equador, Bolívia, Chile, Colômbia, Argentina, Portugal, Espanha, França, Holanda, Suíça (em alemão), Itália, Tchecoslováquia (em tcheco e inglês), Hungria, República Democrática da Alemanha, Iugoslávia, Polônia, Grécia, Filipinas, Índia (em dois idiomas), Sri Lanka, Vietnã, Egito, Estados Unidos, Austrália e Rússia. Há uma edição cubana em inglês (Austrália: Ocean Press, 2005).

28. *Lula: Biografía política de un obrero*. Cidade do México: MCCLP, 1990.

29. *A proposta de Jesus*. Gwangju (Coreia do Sul): Work and Play, 1991.

30. *Comunidade de fé*. Gwangju (Coreia do Sul): Work and Play, 1991.

31. *Militantes do reino*. Gwangju (Coreia do Sul): Work and Play, 1991.

32. *Viver em comunhão de amor*. Gwangju (Coreia do Sul): Work and Play, 1991.

33. *Het waanzinnige geluid van de tuba*. Baarn (Países Baixos): Fontein, 1993.

34. *Allucinante suono di tuba*. Celleno (Itália): La Piccola, 1993.

35. *Uala Maitasuna*. Tafalla (Espanha): Txalaparta, 1993.

36. *Día de Angelo*. Tafalla (Espanha): Txalaparta, 1993.

37. *Mística y espiritualidad*. Com Leonardo Boff. Buenos Aires: Cedepo, 1995. Cittadella Editrice, Italia, 1995.

38. *Palabras desde Brasil*. Com Paulo Freire e Carlos Rodrigues Brandao. Havana: Caminos, 1996.

39. *La musica nel cuore di un bambino* (romance). Milão: Sperling & Kupfer, 1998.

40. *La obra del artista: Una visión holística del Universo*. Havana: Caminos, 1998. Nova edição foi lançada em 2010 pela Editorial Nuevo Milênio.

41. *La obra del artista: Una visión holística del Universo*. Córdoba (Argentina): Barbarroja, 1998.

42. *La obra del artista: Una visión holística del Universo*. Madri: Trotta, 1999.

43. *Un hombre llamado Jesus* (romance). Havana: Caminos, 1998.

44. *Uomo fra gli uomini* (romance). Milão: Sperling & Kupfer, 1998.

45. *Hablar de Cuba, hablar del Che*. Com Leonardo Boff. Havana: Caminos, 1999.

46. *Gli dei non hanno salvato l'America: Le sfide del nuovo pensiero político latino-americano*. Milão: Sperling & Kupfer, 2003.

47. *Gosto de uva*. Milão: Sperling & Kupfer, 2003.

48. *Hotel Brasil*. Éditions de l'Aube, Franca, 2004.

49. *Non c'è progresso senza felicità*. Com Domenico de Masi e Jose Ernesto Bologna. Milão: Rizzoli-rcs, 2004.

50. *Sabores y saberes de la vida: Escritos escogido*. Madri: ppc, 2004.

51. *Dialogo su pedagogia, ética e partecipazione politica*. Em parceria com Luigi Ciotti. Turim: ega, 2004.

52. *Ten Eternal Questions: Wisdom, Insight and Reflection for Life's Journey*. Com Nelson Mandela, Bono Vox, Dalai Lama, Gore Vidal, Jack Nicholson e outros. Org. de Zoe Sallis. Londres: Duncan Baird, 2005; Santa Marta de Corroios: Plátano, 2005.

53. *50 cartas a Dios*. Com Pedro Casaldáliga, Federico Mayor Zaragoza e outros. Madri: ppc, 2005.

54. *Hotel Brasil*. Roma: Cavallo di Ferro, 2006.

55. *El fogoncito*. Havana: Gente Nueva, 2007.

56. *The Brazilian Short Story in the Late Twentieth Century: A Selection from Nineteen Authors*. Vancouver: The Edwin Mellen Press, 2009.

57. *Un hombre llamado Jesus* (romance). Havana: Caminos, 2009.

58. *La obra del artista: Una visión holística del Universo*. Havana: Editorial de Ciencias Sociales, 2009.

59. *Increíble sonido de tuba*. Madri: SM, 2010.

60. *Reflexiones y vivencias en torno a la educación*. Com outros autores. Madri: SM, 2010.

61. *El ganhador*. Madri: SM, 2010.

62. *La mosca azul: Reflexiones sobre el poder*. Austrália: Ocean Press, 2005.

63. *Quell'uomo chiamato Gesù*. Bolonha: Editrice Missionaria Italiana (EMI), 2011.

64. *Maricota y el mundo de las letras*. Havana: Gente Nueva, 2012.

65. *El amor fecunda el universo: Ecología y espiritualidad*. Com Marcelo Barros. Madri: PPC, 2012; Havana: Editorial Ciencias Sociales, 2012.

66. *La mosca azul: Reflexión sobre el poder*. Havana: Nuevo Milenio, 2013.

67. *El comienzo, la mitad y el fin*. Havana: Gente Nueva, 2013.

68. *Un sabroso viaje por Brasil: Limonada y su grupo en cuentos y recetas a bordo del Fogoncito*. Havana: Gente Nueva, 2013.

69. *Brasilianische Kurzgeschichten*. Com Lygia Fagundes Telles, Marisa Lajolo, Menalton Braff e outros. Alemanha: Arara, 2013.

70. *Hotel Brasil: The mistery of severed heads*. London: Bitter Lemon Press, 2014.

71. *La niña y el elefante*.

72. *Minas del Oro*. Havana: Arte y Literatura, 2015.

TIPOGRAFIA Adriane por Marconi Lima
DIAGRAMAÇÃO Verba Editorial
PAPEL Pólen Bold, Suzano Papel e Celulose
IMPRESSÃO Gráfica Bartira, maio de 2017

A marca FSC® é a garantia de que a madeira utilizada na fabricação do papel deste livro provém de florestas que foram gerenciadas de maneira ambientalmente correta, socialmente justa e economicamente viável, além de outras fontes de origem controlada.